花園大学
人権論集
31

花園大学
人権教育研究センター　編

届きはじめたSOS

人と人の間にあるものを考える

Human
Rights
Thesisses
in
Hanazono
University

批評社

はしがき

本書は、花園大学人権教育センターの出版物の中で市販されているシリーズ『花園大学人権論集』の第三一巻です。本書では、二〇二三年一二月に開催された花園大学人権週間での講演三本と、二〇二三年の人権教育研究会での研究発表四本を収めており、センターの人権についての取り組みを大学内外に発信するものです。

●「元旦地震」が問いかけるもの～「想定外」が当たり前となった最近の大地震

私は、二〇二四年一月一日の一六時前から、今年こそは毎日トレーニングして減量に努めようと、

「一年の計は元旦にあり」という諺にならい、室内でのトレーニング用バイク（自転車）でトレーニングを始めたところ、一〇分ほどして揺れを感じましたが、すぐには震源地や地震の規模がわからなかったこともあり、トレーニングを続行しました。しかし、その後の地震速報から「これはえらいことになっている」とTVに釘付けになったのでした。

今回の能登半島地震は、マグニチュード（地震そのものの大きさ）七・六を記録し、阪神淡路大震災や熊本地震の七・三を上回るものでした。また石川県では初めて震度（地震の揺れの大きさ）七に達する地震でした。もともと過疎地であったところの道路が寸断され、これまでになく孤立してしまった集落が多く発生しています。高齢化率が高いところも多く、かかりつけ医にかかれず、薬が不足するなど高齢者にとっては命にかかわる事態が続発しています。また、停電、断水、灯油やガスなどの途絶などにより、真冬なのに暖房ができず、避難所に身を寄せても援助物資が十分届かず、結局体調を崩して、コロナなどの感染症が蔓延するなどの災害関連死の危険にさらされる事態となっています。よく、「地震に備えて二日分、多くとも三日分の水、食料を用意しておけば、誰かが助けに来てくれる」と言われていましたが、今回はそれではすまない事態となっています。

私が家族も含めて、これまでに体験した震災は阪神淡路大震災（一九九五年、向日市の自宅が震度五）、東日本大震災（二〇一一年、長女が東京で被災）、熊本地震（二〇一六年、実家の墓柱が倒壊）、そして今回の地震です。「人生一〇〇年時代」といわれる時代に、その三分の一にもならない三〇年足らずの間で私の家族は四回の震災に遭遇したことになります。そしてそれぞれが想定外の新たなことが起こっています。阪神淡路大震災は神戸という大都市で起きた直下型地震であったこと、東日本大震災は東北四県を中心とした広大な地震であり、想定外の大津波に襲われ、原発事故が重なったこと、地震は起きない地域と言われていた熊本での地震、そして今回の地震です。私の狭い体験からでも、地震はいつ、どこで、どの程度の地震が起きるかわからないのではないかと思わざるを得ないのです。事実、日本列島は、地球に存在する一〇のプレートのうち四つのプレートが重なり、二〇〇〇年以降の強い地震の一〇分の一が集中する地域なのです。まことに「日本の地震に空白地帯はない」のです（後掲、樋口英明元福井地裁裁判長）。

●いわくつきの志賀原発は大丈夫か？

また今回の地震は、能登半島輪島市に隣接する志賀《しか》町で震度七でした。志賀町には志賀原発が設置されています（原発敷地内は震度五強）。志賀原発には二つの原発があり二号機が再稼働に向けて審査中、一号機は一九九九年に臨界事故を起こし（北陸電力は八年間にわたりこの事故を隠蔽）、現在は稼働していませんが二号機に続いて再稼働を申請する予定となっていました。また、敷地内の活断層についても（敷地内に活断層があれば原発の設置は不可）、北陸電力の報告を規制委の有識者会議が「活断層と解釈するのが合理的」としたものを、北陸電力が評価方法を変えて断層を評価し、規制委は二〇二三年に活断層ではないという北陸電力の主張を了承した上、他の活断層をこれから審査することになっています。

そして、今回の地震で志賀原発ではトラブルが相次いでいるのです。外部電源から電力を受ける変圧器が一、二号機とも破損し、約二万三四〇〇リットルもの油が漏れ、外部電源の一部が途絶えたままとなっています。福島第一原発では、電源のすべてが喪失したため、原子炉を冷却する機能が停止し、メルトダウン（炉心溶融）につながる大事故となっています。また志賀原発では想定を超す揺れも記録されています（一号機が想定九一八ガルのところ九四七ガル、二号機が八四六ガルのところ八七一ガル。ガルとは加速度の単位。約八七〇ガルから一五〇〇ガルは震度六強に相当）。

今回の事故による完全復旧には半年を要し（北陸電力）、「断層を確定するにも年単位、審査はそれ以上の時間がかかる」（二〇二四年一月一〇日原子力規制委員会山中伸介委員長）と言われており、審査の長期化は必至です（二〇二四年一月一二日毎日新聞、同年一月一五日産経新聞）。

●「珠洲原発」がなくてよかった！「原発は要らない」の声を今一度ひろげよう！

実は、今回の地震で最大級の被災地となっている珠洲市には原発を設置する計画があったのです。一九七五年に設置構想が公表されたのですが住民の粘り強い反対運動の結果、二〇〇三年に「凍結」＝事実上の撤退となりました。経過を紹介する紙幅はありませんが、今度の地震を見るとき、「珠洲原発」が無くて安堵した人は私だけではないでしょう。

今回の志賀原発の状況を見るにつけ、また「幻の珠洲原発」を思い起こすとき、私たちは今一度、原発と私たち人類の生存は相容れないことを認識して、「原発は要らない」の声を挙げ、原発廃棄の行動を強化すべきではないでしょうか。この点では、樋口英明元福井地裁裁判長の講演「司法の責任とは何か――私が原発を止めた理由」（講演、二〇二三年一二月一〇日、ユーチューブhttps://youtu.be/Qe3vmt5XpxI）は必見です。原発の仕組みとなぜ原発が危険なのかを、中学生にもわかるように平易に解説されています。「目からウロコ」とはこのことをいうのかと思うほど、わかりやすいお話です（同氏による『私が原発を止めた理由』（旬報社）も出版されています）。そしてそのことがわかった人は沈黙せずに何らかの行動をおこすべきであると熱いエールが送られています。

●これから「元旦は地震に対する備えを思い起こす日」

能登半島地震は、奇しくも元旦に発生した大規模地震となりました。今後の元旦は、一月一七日、三月一一日と同様に、能登地震で亡くなった方への慰霊の日であるとともに、想定外の地震に対してどう向き合うかが問われる日となります。私たちは、毎年の始まりの日から、地震に対する思いを新たにして新年の決意を固める日となりました。これは、地震列島日本に住む私たちにとって宿命とでもいうべきことかもしれません。その宿命を前向きに受け止めなければならないと思います。

●「学ぶことから」始めよう！

二〇二四年という年が元旦からの大地震にはじまる不穏な幕開けとなったことから、はしがきにしては、地震と原発について踏み込んだ問題提起をさせていただきました。

しかし、当然のことですが現代の人権状況は地震や原発にとどまるものではありません。

二〇二二年の人権週間の諸講演では、現代における部落問題をどうとらえるか（映画監督、満若勇咲さん）、ロシアの侵攻が長引く事態を当事者であるウクライナの人々はどう受け止めているのか（京都情報大学院大学教授、ウラディーミル・ミグダリスキーさん）、そして、性的マイノリティー、とくにトランスジェンダーの方の生き辛さと社会の責任について（音楽家・大学講師の西田彩さん）収録しています。

また、二〇二三年度の花園大学人権教育研究会例会では、新聞を通じた民主主義社会における主体形成（中善則先生）、身近に存在するヤングケアラーをどう考えるか（根本治子先生）、キリスト教における性規範の問い直し（堀江有里先生）、「表現の不自由」が問題となっている中で表現の自由をどう確保するか（梅木真寿郎先生）など、いずれも現代的な人権課題を俎上に挙げて示唆に富む検討を行っています。

現代の人権状況は様々な角度からの接近を必要としています。それぞれ貴重な論稿であると思っています。まずは「知ることから」始めてみませんか。

二〇二四年三月

花園大学人権教育研究センター所長（社会福祉学部教授）　吉永　純

届きはじめたSOS
——人と人の間にあるものを考える

花園大学人権論集㉛

もくじ

私が部落問題の映画を撮った理由

満若勇咲

●部落問題の映画を撮る

みなさん、こんにちは。満若勇咲と申します。二〇二二年の五月二一日から全国で公開したドキュメンタリー映画『私のはなし 部落のはなし』という映画の監督を務めております。基本的に監督という仕事は人の話を聞くのが仕事であって、喋るのは本業ではないんですね。今回一時間近くまとまってお話しをするのは、実は私の人生上初めての経験でして、なかなか至らない部分があるかと思いますが、どうぞお付き合いいただければと思います。

まず、私が部落問題の映画を撮った理由を、端的にお話ししたいと思います。私は大学生だったときに、兵庫県加古川市の食肉センターを舞台にした『にくのひと』という映画を作りました。この作品は一般劇場での公開が決まっていたんですけども、公開をする直前になって、部落解放同盟の兵庫県連合会から映画の内容に問題があるというクレームが入り、それによって出演者からもう映画に関わりたくないという申し出があって、関係性が破綻したんです。それで映画を封印するということになり、その後一〇年以上部落問題から離れます。

ですが、一〇年経ってもう一度ドキュメンタリー映画を作りたいなというふうに考えたときに、改めて監督をするのであれば、かつて自分が挫折した問題、自分が監督としてうまくいかなかった問題にもう一度取り組む必要があると考え、先ほど言った部落問題をテーマにした『私のはなし 部落のはなし』という映画を作り始めました。

●大阪芸術大学でドキュメンタリーを学ぶ

映画の話をする前に、もう少し私自身の話をします。私は映画監督ですが、本業としてテレビのカメラマンをやっています。東京で、NHKやBSのドキュメンタリーを撮っています。テレビの撮影をしながら、その合間で監督として、この『私のはなし 部落のはなし』という映画を作りました。

私は一九八六年生まれで、出身は京都府の八幡市になります。京阪沿線ですね。父方のルーツが奄美大島で、母方が新潟です。ですので、自分自身は被差別部落にルーツがないであろうと思われます。ルーツがないと断言はできないので、思われる、という言い方が正確じゃないかなと思います。

私の満若姓っていうのは基本的にこの日本の中で私の一族だけの姓になります。満若といえば私か、私の親戚かっていうことになります。その昔、奄美大島が江戸時代に薩摩藩に植民地支配されていたんですが、田んぼを全部さとうきび畑に変えられて、そのサトウキビの収益で薩摩藩が倒幕したという歴史がありました。そのとき島民は薩摩藩の武士と分けるために、一文字の姓を名乗らされていたんですね。うちのご先祖がいた村は、満さんという人がすごく多かったらしいです。

明治に入って、二文字姓を名乗ってもいいよということになり、満さんがあまりにも多すぎるから、じゃなにか適当に下に一文字つけて二文字姓にしようということで、家のご先祖様は若をつけて、満若にしたっていうふうに父からは聞いております。例えば、元ちとせさんという歌手がいると思うんですけども、元ちとせさんは一文字ですね。奄美大島なので一文字というわけです。また、満島ひかりさんという俳優さんがいらっしゃるんですけども、彼女のルーツも奄美大島にあり、実はうちの村がルーツだったらしいですね。なので昔は同じ満さんだったというふうに聞いております。

私自身は八幡市の出身なんですけども、ほとんど同和教育というものを受けた記憶がありません。部落とか、同和地区といった名称も、二〇〇七年に『にくのひと』という映画の制作段階になって初めて認識した言葉でした。ただよく聞いてみると、私がいた八幡市は、同和教育が非常に進んでいたという話も聞いていて、世代間の断絶があると感じております。

小中高と八幡で過ごして、大学は大阪の南河内の方にある大阪芸術大学の映像学科に入学して、そこで映像を学ぶことになります。入学当初は、ドキュメンタリーをやろうとは思っていなかったんですけども、劇映画のシナリオとかを学校で学んでいく中で、やっぱり自分自身の中で描きたい物語みたいなのはないなというふうに感じたんですね。

劇映画は自分には無理だろうということを大学二回生のときに感じて、その時に、原一男監督の『ゆきゆきて、神軍』というドキュメンタリー映画を鑑賞して、ドキュメンタリーもすごく面白いんじゃないかと思いました。自分の中に物語はないんだけども、自分の外に物語を求めてそれで映画を作るっていう方法は、自分には向いているのかもしれない。そういうふうに考えて、ドキュメンタリーをやってみようと大学時代に決心しました。

そしたらたまたま大学の先生が原一男さんだったんです。という縁もあって、原一男さんのもとでドキュメンタリーを学びました。原一男監督の最新作は『水俣曼荼羅』という水俣病をテーマにした六時間ある映画です。原一男監督が二〇年近くかけて撮影した映画で、私も少し学生時代に手伝ったんですけども、非常に力作で、二〇二一年毎日映画コンクールでドキュメンタリー映画賞を獲りました。機会があったらぜひ見てみてください。

●屠場を描いた『にくのひと』

その原一男監督のもとで、私は『にくのひと』という映画を作ることになります。これは二〇〇七年、三回生のときに『にくのひと』を作ることになるんですけども、基本的にこの映画は、牛が肉になるまでの過程を描くという趣旨の映画でした。そもそも何で牛が肉になるまでの過程を描こ

う と思ったのかっていうと、私が高校生の時から、吉野家でアルバイトをしていたという経験からです。しかも吉野家といっても普通の吉野家じゃなくて、日本で一番牛丼供給量が多いと言われている淀の競馬場の吉野家だったんです。勤務は土日だけだったんですけども非常に忙しい職場で、私が働き始めたときは最年少でしたが、大学に入ってバイトを辞めるまで、ずっと私が最年少でした。

結構過酷なバイト先である吉野家で、毎日牛肉を触りながら調理していく中で、そういえばこの牛と、今手元にあるスライスされた肉、この間の過程を見たことがないなというふうに感じたんですね。それはアルバイト中に常々疑問に思っていたことでした。

自分がドキュメンタリーを作るのであれば、そういった日々感じている疑問を、一つ映画にしてみるっていうのが面白いのではないかなと考えて、牛が肉になるまでの過程を描こうと、『にくのひと』をスタートさせました。

じゃあどこで取材するかって話になるんですけども、東京の芝浦屠場や大阪の南港の屠場に取材を申し込むんですが、やはりプライバシーの問題があるということで、どこも取材を受け入れてくれるところはありませんでした。そんなときに、フリーライターの角岡伸彦さんを紹介されました。彼は『にくのひと』の舞台となる兵庫県加古川市の食肉センターで取材をしていたんですね。そういった繋がりがあって、角岡さんから兵庫県の加古川市の屠場を紹介していただきました。

そこで出会ったのは、食肉センターの理事長の中尾政国さんという方でした。中尾政国さんという方は、見た目はホンジャマカの石塚さんみたいな感じの方なんですけども、差別をなくすために屠場を広く知ってもらった方がいいのではないかと考えていらっしゃった方でした。当時二〇歳だった私が、映画を撮りたいんですって言ったときに、快諾していただいて、それで『にくのひと』の制作がスタートしていきます。

先ほど申しました通り、この『にくのひと』の製作をつうじて、初めて私は部落問題を知っていくことになります。こういった社会問題があるのか、こういった差別が存在するんだっていうことを知っていくわけなんです。これは後で話しますが、やはりそのときは部落問題への理解が、非常に頭でっかちだったなと、今でも反省しています。『にくのひと』において主題は牛が肉になるまでの過程だったので、部落問題はあくまでも副次的なテーマだったんです。

そういった形で映画を作って、好評をいただいて、その後いろんなところで上映会が行われるようになります。具体的なところでいうと、部落解放人権研究所が主催する高野山での夏季研修だったり、ＴＢＳの社内研修などに、私と中尾政国さんが一緒に行って喋ったりとか、あとはアムネスティビデオフェスティバルというものが二〇〇九年に行われたんですけども、そちらで上映したりしました。このように、作った後は学内だけではなく、各地の上映会などを通して広がりをみせていきました。

●『にくのひと』の封印

その後、大学を卒業するんですが、私は卒業制作にかまけて就職活動を一切していませんでした。

実は今までの人生経験で、就職の面接を受けたことがありません。エントリーシートの書き方も知りません。だから一般的な社会人からだいぶ常識がずれてるなという自覚はあります。就職活動をしていなくて、これはまずいなと思ったときに頼ったのは、角岡伸彦さんでした。

角岡さんのパートナーの弟さんがカメラマンをやっているというお話を聞いていたので、そのカメラマンの方を紹介して欲しいと頼みました。そのカメラマンの辻智彦さんのもとで、カメラマンとしての下積みを始めました。ちなみに辻智彦さんには、『私のはなし 部落のはなし』の撮影を担当していただきました。要するに、自分の師匠に撮影をお願いした、そういった形の映画なんですね。

辻さんのもとで、私は若松孝二監督の『キャタピラー』という作品に撮影助手として参加して、その後『11・25自決の日 三島由紀夫と若者たち』、『千年の愉楽』といった映画のBカメラとして修業をしていくことになります。

東京で下積みをしていた二〇一〇年に、もう今はないんですけど田原総一朗ノンフィクション賞というものがありまして、『にくのひと』が佳作をとります。そのことによって、一般公開しようかっていう話が持ち上がるんですね。そして出演者の了解を得て、東京のミニシアターでの劇場公開が決まるんです。いざ試写会やチラシを作っていこうとなった段階で、部落解放同盟の兵庫県連合会から抗議が入ってきます。

主な抗議内容としては、地名が出ていること、出演者が紹介した賤称をもじったジョークでした。あまり具体的には言えないんですけれど、部落の出身ではない方が『にくのひと』では主演を務めていました。彼が「仲間内でこういうことを言ってるんやで」っていうことを紹介した部分になります。そこが大きな問題になったんです。

もう一つが、社会科見学に訪れた中学生の反応ですね。やはり牛の解体工程を見て、顔をしかめるというようなシーンがあったので、そういったものが部落差別や屠場への偏見に繋がっていく、というような内容の抗議を受けました。

それで解放同盟と話し合いの場を持ったんですけども、やはりずっと平行線でした。その一方で、地元の支部から抗議が上がってきたので、当然同じ地域に住んでいる出演者との関係もこじれてきます。出演者との関係性がこじれて、映画の主役だった青年から、「もう映画に関わりたくないし、おれらは自分の生活があるんや」ってことを言われてしまいました。それでやむなく上映を中止して、映画を封印するということになります。

ドキュメンタリーのあり方として、出演者との関係性が崩れてでも上映するっていうことも一つの方法論としてはあり得ます。例えば最近でいうと『主戦場』（ミキ・デザキ監督）という従軍慰安婦問題をあつかった映画があるんですけども、あの作品は出演者の右派の方との裁判を経て、結局制作サイドが勝ちました。揉めたうえで裁判で押し切ったんですね。

ですが、『にくのひと』の場合、やはり屠場で働く人、どういう人が働いているのか、どういう工程で解体されていくのかっていうことを描いた映画だったので、出演者との関係性が崩れてしまった以上、映画が存在する、上映する理由や動機は存在しないんです。ですので、私としては封印せざるを得なかった。このあたりの詳しい経緯は『ふしぎな部落問題』（角岡伸彦、ちくま新書）という本に詳しく書いてあります。もし興味ある方は読んでみてください。

こういったことがあって、私自身は、正直、部落問題はもういいなと思いました。この「もういい」という意味は「もう部落という地域に関わりたくない」ってことではありません。制作者として、映像を作る人間として、取材テーマとして、部落問題はもういいかなという思いを抱きました。

どういうことかというと、部落出身を公言している角岡さんだったり、食肉センター理事長の中尾さんだったり、そういった方との関係性は続いています。映画を封印した後も、中尾さんからは、「残念やけど、しゃぁないな」、「これにめげんと、監督として成功してくれるのが、一番のおれらへの恩返しなんやから頑張りや」というような声をかけていただきました。そういった個人的な人間関係の繋がりもあったので、部落という地域や人に対しての偏見というものは自分の中で生まれなかったんです。

加えて、抗議の中で、やはり当事者性を持っていない私が、差別が起きたときに責任を取れるのか、と言われました。そうなると、やはり責任を取りますとは言えないですね。そういったことを、二二、三歳ぐらいのときに経験して、「もうだったら部落問題は当事者でやってよ」っていうふうに、当時の私は思いました。

そういったことがあったので、部落問題はもういいかなと思っていました。自分はテレビの世界にも足を入れてたので、テレビの世界でカメラマンとして頑張っていこうと思って、二〇一一年からテレビドキュメンタリーの仕事を続けていくようになります。

そういったことがあって、しばらくテレビの仕事を続けながら、二〇一六年に『私のはなし 部落のはなし』の制作をスタートさせて、二〇二二年に完成させて公開しました。このように、一二年ぐらいかかって、今この場に立っているという、そんな流れになります。

●再起

ここからもう少し詳しくお話しします。部落問題はもういいと思うようになって、しばらくテレビの仕事を続けていたんですが、このことも『私のはなし 部落のはなし』を作る上で、非常に重要な経験となりました。ざっくりと、どんな仕事をしているのかご紹介します。

バイクレースのドキュメンタリー番組を作ったり、NHKの科学番組の撮影をしたり、最近のところでいうと、ETV特集の『僕らが自分らしくいられる理由』という、奈良県でインクルーシブ教育を実施している中学校の半年間を描いた番組を撮影しました。また『ジェイクとシャリース』という、フィリピンの女性から男性になったトランスジェンダーの歌手の方を撮りました。フィリピンの場合、同性愛には寛容なんですけど、トランスジェンダーにはひどい差別があります。そんな中で性別を変えて活動している、その歌手に密着した内容のドキュメンタリー番組です。それ以外にも、報道特集の仕事でイラクに行ったりもしました。

プロとしてドキュメンタリーを作るという経験を一〇年ぐらい積んで、こういった仕事を通じて、当時『にくのひと』を作っていた自分がいかに甘かったかを痛感していくようになります。テレビの仕事は一定のクオリティが求められますし、テレビ放送は映画と違って、一回の放送で何百万人という視聴者がいるわけなので、その影響力も計り知れません。そういった意味で、テレビの仕事をする以上は、いかに放送するか、いかに現実と折り合わせて作っていくかっていうことがすごく大事になる。そういったことをテレビの現場から学んでいきました。

こうして、当時の自分がいかに現実との折り合いをつけることができていなかったか、そんな自分がドキュメンタリーを作ったことによって、その地域の人間関係をかき乱したことが、作り手としてどれだけ倫理的に良くないことだったかっていうことを、この一〇年テレビの仕事を続けながら反省していきました。そういった反省が『私のはなし 部落のはなし』に繋がっていきます。

再び監督として制作しなければならないというふうに強く思いを持った一つの理由として、二〇一六年に、お世話になっていた中尾政国さんが癌で亡くなったことがあります。まだ六〇代で、本当にそれまでは元気にされていたのに、癌が発見された時はもう末期でして、お見舞いに行ってその三ヶ月後ぐらいに亡くなってしまったんですね。やはり、中尾さんに監督として成功した姿を見せられなかったことに、自分の中でも忸怩たる思いがありましたし、恩返しできなかったなっていう感覚がすごくありました。それで、監督としてもう一度やらなければならないなと強く思いました。

もう一つは、角岡さんからも、カメラマンとしてではなくて、監督として非常に期待されていたっていう事実がありました。角岡さんとは毎年年賀状をやり取りしてるんですけども、いつも年賀状に一言添えてあって、「早くしないと『にくのひと』じゃなくて『むかしのひと』になっちゃうよ」っていうようなコメントが書いてあったんです。それが非常に私に刺さりまして。角岡さんには自分のことを監督として認めていただいている、角岡さんの期待にも応えなければならない、と思うようになりました。再び監督としてやろうと思ったときに、やはりテーマは部落問題しかないだろうというふうに思いました。

●『にくのひと』を終らせるために

物事はいろいろ偶然が重なるものでして、二〇一六年に中尾さんが亡くなった同じ年に、「全国部落調査」復刻版出版事件というものが起きます。これは神奈川県の出版社が、全国の部落の地名一覧が載った「復刻版　全国部落調査」を出版してアマゾン等で販売し、インターネット上にデータを公開したという事件です。それで部落解放同盟の方から訴えられて、二〇一六年に裁判になります。そういったこともありました。

さらに自分の中でも『にくのひと』を終わらせる、終わらせたいという思いもありました。『にくのひと』を終わらせたいってどういうことかっていうと、映画って上映して初めて完成するという部分があるんですね。『にくのひと』の場合、上映する前に終わってしまったという経緯があったので、やはり自分の中で未完成であるなというふうに感じていました。

ですので、『にくのひと』を終わらせるためには、『にくのひと』を再上映するのではなく、新しいものを作って、それによって終わらせるっていうことしか自分にはできないだろうと考えました。その上で、『にくのひと』に関わる一連の出来事について、やはりきちっと反省しなければならないなと思ったんですね。その中で『にくのひと』を封印した出来事の反省として、自分自身の部落問題に対する認識の甘さと、やはり作り手としての取材方法の甘さ、この二つがあったんだろうなというふうに思いました。

なぜ私の部落問題に対する認識が甘かったのかというと、一つは同和教育というものを受けた記憶がなくて、そもそも部落問題というものを知る素地が自分になかったんですね。取材をして初めて知っていきました。かつ、やはり自分の中で『にくのひと』の取材はあくまでも屠畜に携わる人であって、部落問題ではなかったので、そこへの掘り下げっていうのも、一つ不十分であったと思いました。

もう一つは、いろいろ本を読んで勉強はするんですけども、頭の中ではこういう差別があることを認識はしているんですが、やはり肌感覚として、こういった差別がこの自分が立っている大地の延長線上にある、みたいなことを認識できていなかった。要するにリアリティを持って部落問題に十分接することができていなかったと感じました。

実際に取材した食肉センターは被差別部落にあったんですけども、行ったからといって部落問題がわかるのか、見えるのかっていうと、そうではないんです。ただ行けばわかるってことではなく、やはり強く部落問題を見るという意識を持った上でそこに入っていかないことには、部落問題が可視化できない、そういった反省をしました。

加えて、私が取材した食肉センターの職員さんたちは、食肉産業なので、比較的経済的にも豊かで、実体験として差別されたことがある人が少なかったんですね。みなさん胸を張って仕事をしている人たちだから、撮影が可能だったわけです。ですから取材している中で、直接的な被差別経験というものに接する度合いが少なかったんですね。そういったこともあり、差別のあり方に対するリアリティと実感が非常に薄かったことが、反省の一つとしてありました。

これは、抗議があった後に話をした中で出てきたんですけど、「自分自身は差別されたことがない、だけどやはり子どもが差別されるかもしれないっていう不安は一生つきまとうんやで」っていうことを、職員さんから言われました。この差別されるかもしれないという不安を一生抱え続けながら生きなければならないという、そういった痛みに対する想像力っていうものもあの当時欠けていた、そういったことを自分の中で反省しました。

そして、作り手としての甘さは何かというと、取材するにあたって、私は出演者のみと関係性を作っていったんですね。当然、食肉センター、屠場で働く人たち皆さんと関係性を築いて、カメラを持ち込んで取材したんですが、地域そのものへのアプローチを行っていなかったんですね。そもそも地域へのアプローチが必要なのかどうかってことも、その当時知らなかったです。これは作り手として良くなかったなと思いました。これは部落に限らず、海外のどこへ行ってもそうなんですけど、やはりその地域の人間関係だったり、その地域での力学みたいなものを踏まえた上で取材しないと、よそ者がその地域に入ることはなかなかできないんです。テレビの仕事を通じて、やはり自分が甘かったなというふうに感じた部分でもあります。

また、抗議をされた当時感情的になっていた部分があって、「なんでそんなこと言うんだろう」、「ちゃんと映画見てよ」っていう思いが強かったんですね。逆になんでそういうことを言うんだろう、なぜそういった抗議を彼らはするのかっていう問いかけを自分の中にできなかったんです。これは作り手としては非常にまずい姿勢だったと思います。なぜかというと、やはり現実的な問題や制約を、それに対抗するのではなくて、それをうまく作品に取り込む力というのも、映画を作る人間としては必要になることなんです。

そういったことを踏まえて、二〇一六年に部落問題のドキュメンタリー『私のはなし 部落のはなし』を作ろうと考えたときに、まず一つとしては、かつて部落問題のことに対してリアリティを持っていなかった自分に見せられるようなものを作るべきだろうというふうに考えました。

それはつまりどういうことかというと、例えば部落問題と言う時に、多くの人がやっぱり「昔の問題じゃないのか」と、どうしても遠い問題のように感じる人が多いと思うんですね。なんとなく頭では知ってるんだけども、実際それがどんなものかわからないし、リアリティを持ってこの社会に存在するっていうことが、今一つ肌感覚としてわからないという人がおそらく多いと思うんですね。当時の自分自身にやはりそういった側面があったので、であるならば、やはりそういった自分のようなリアリティを持っていない人に見てもらって、部落問題へのリアリティを、一〇〇%は無理だとしても、感じられるような映画を作るべきだろう。そういうふうに考えて、『私のはなし 部落のはなし』というものの描き方の方向性を決めていきました。

●ドキュメンタリーとは何か

ここから映画の製作について話を進めていきたいと思うんですが、その前にそもそもドキュメンタリーって何なのか、みたいな話をちょっとした方がいいかなと思います。ドキュメンタリーと広く言われているんですけども、その定義って実は曖昧で、報道なのか、事実を映すものなのか、何か教育的なものなのか、いろいろあるんですけども、実は決まった定義がないんですね。それがドキュメンタリーを作っていて面白い部分ではあるんです。

そもそもドキュメンタリーっていう言葉は、一九二七年に初めて使われました。一九二二年に『極北のナヌーク』（ロバート・フラハティ監督）というイヌイットの生活を映したドキュメンタリー映画が作られました。この作品を、いわゆる役者とか脚本に基づかない映画として、いわゆる一般の劇画と区別するために初めて使われた言葉がドキュメンタリーだったんですね。

ちなみにこの『極北のナヌーク』は、イヌイットの人と一緒に昔の生活を再現したもので、本当にフィクショナルな再現映像がドキュメンタリーの元祖だった、という歴史があります。

そして、一九三〇年代にイギリス記録映画派という映画運動が発生します。これは要するにドキュメンタリーを現実の変革の武器にする、大衆に真実を示して目覚めさせるという、啓蒙的な、教育的な映画運動です。そういったものを武器として、ドキュメンタリーが大量に作られている、という歴史がありました。その流れの中で、国策映画だったりPR映画だったり、教育映画、果てはプロパガンダ映画まで、大衆に、これが正しい真実であるというメッセージを伝える映画作りが、実はドキュメンタリーの歴史の中で非常に長い期間ウエイトを占めていました。

『オリンピア』（レニ・リーフェンシュタール監督）という有名な映画は、一九三八年に制作されたベルリンオリンピックのドキュメンタリー映画です。これは映画史においては非常に重要な映画でして、戦後にナチの賛美であると批判された映画でもあります。そういった形で、ドキュメンタリー映画は大衆を教育する目的のために作られてきた。その意識は、今のテレビドキュメンタリーにも継承されています。

それでは私の世代はどうなのかというと、私の世代ではちょっと違っています。佐藤真監督という、新潟水俣病の『阿賀に生きる』という映画を作った監督さんがいるんですけども、彼の考え方が、我々世代の映画を作っている人間に大きな影響を及ぼしています。『ドキュメンタリー映画の地平』（佐藤真、凱風社）という、私たちの世代の作り手にとってはバイブルみたいな本があります。私も学生時代に読んで線をいっぱい引きました。

佐藤監督は、「ドキュメンタリーとは映像と録音テープに記録された事実の断片を批評的に再構成することで虚構を生み出し、その虚構によって何らかの現実を批判的に受け止めようとする映像表現の総体である」、「現実を知り、その記録映像を徹底して見つめることによって、映画作家自らの世界観が問い直されることで生まれる「世界の新しい見方」である」と書いています。要約すると、メッセージ性ではない、面白い作品を目指すべきだ、っていう言い方なんですね。そのうえで制作者としては、やはりドキュメンタリーの制作を通して己を問い直すということをしなければならない。これが一つドキュメンタリーを作る上での面白さで、醍醐味であると思っています。

なので、私も部落問題をテーマにしたドキュメンタリーを作りながら、やるべきことはメッセージを観客に届けるのではなく、やはり自分自身はどうなのかということを己へ問いかけながら映画作りをしていく。そういう方向性が『私のはなし 部落のはなし』という映画作りでは不可欠だったと思っています。

●差別する側を描く

そういったドキュメンタリー作りの前提を踏まえて、『私のはなし 部落のはなし』の制作過程についてお話しします。『私のはなし 部落のはなし』を作る上で軸になったのは、「被差別部落は外部からの眼差しで作られてきた」という黒川みどり先生の言葉です。部落問題は、やはり眼差しの主体、つまり差別する側の問題であるということを、部落問題を描く上でまず前提としてきっちり提示する必要があるだろうと考えました。逆に、それを部落という共同体についてなど、内部の話と外部の話をごちゃ混ぜにしてしまうと、部落問題に対する理解が複雑になってしまうと考えました。

眼差しの主体とは何かっていうと、これは差別する側のことですね。ですから差別する側を映さなければ部落問題を描いたことにはならないだろう、そういうふうに考えました。ですが、差別する側を描くにあたって、単純にこの人差別主義者なんですよって撮ればいいのかというと、そうではない。なぜかというと、やはり自分自身の立場ですね。

自分自身はかつて、「当事者じゃないのに責任取れんのか」って言われたときに答えられなかったですし、自分はやはり部落問題においては他者である、というふうに感じています。その立場から、どうやって部落問題との関係性を結び直して、どのように関わっていくのか。そういった問題意識がこの映画を作る上で一つの軸になっています。ですので、差別する側を撮らなければならないと先ほど言いましたが、これは、やはり差別する側を記録するということが、部落問題に他者性を持っている自分の、ある種の責任であるだろうと考えました。

この映画を作る上で差別する側の取材は欠かすことができないであろうと考えて、顔は出せないんですけども、部落への差別意識を持っている女性と、映画を作るきっかけになった「全国部落調査」復刻版出版事件の被告である、鳥取ループの宮部氏に取材をしています。このような差別する側への取材を当事者の方にさせるというのはフェアじゃないし、当然賤称や差別が飛び交うわけで、かなり精神的な負担になることは容易に想像できますよね。ですから加害する側を記録する責任というのは、他者である自分ができることだし、関われることだろうというふうに考えました。

もう一点は、自分自身がどんなに当事者の痛みの話を聞いたところで、やはりそれを一〇〇%自分の体感として理解することは難しいんですね。なぜなら、自分がその立場に立てないからです。

そういう時、ある種の共感の限界というものをやっぱりきちっと自覚する必要があります。その上で、自分自身は差別する側であるし、「私は絶対差別しません」とは言い切れないだろうと思っています。ですので、そういったことも踏まえて、自分が差別する側であるという自覚とセットで、差別する側を記録する必要があると考えました。

もう一つ。鳥取ループの宮部氏を取材したんですけども、彼は運動団体に対して強い反感を抱いている方です。そういった運動団体への偏見がそのまま部落への偏見に直結しているという人は、実はこの宮部氏だけではありません。私はこの六年間、映画の取材をしている中で、多くの人から同じような言葉を聞きました。私が部落問題のことを取材してるんですって言うと、部落の人は血が濃いとか、税金を横領しているとか、電気を盗んでるとか、そういった声が返ってくる経験をしました。

そういった意味で、単にこの人が差別をしてるんですよっていうことではなくて、差別する側を通して、自分たちも内省するような、自分たちを振り返るような取り上げ方をするべきだろうというふうに考えました。

●被差別部落の地名について

もう一点気をつけたところとは、部落の地名です。この映画には、京都と大阪と三重県、この三つの地域が出てくるんですけども、全て地名を出しています。京都は崇仁地区ですし、大阪は北芝です。三重県は伊賀市の部落ですが、ここでは地名を出さずに三重県伊賀市の部落という言い方をします。なぜなら、地名を映画以外で基本的に出さないという地域との取り決めを交わしているからです。これはダブルスタンダードですが、ダブルスタンダードでもいいという判断をしました。なぜかというと、地名に関しては、出すか出さないかというのは地域の問題であって、私がとやかく言う問題ではないだろうと思ったからです。

この三重県の部落に関しては、それまでメディアに取り上げられたこともないので、今回こうやってメディアにでるのは初めてのことでした。そのような事情があり、地域の中でも地名を出すか出さないかという議論もありました。結果として、映画についてはいい、その代わり映画以外のメディア、例えばこの映画に関わる新聞記事や映画評については出さない、という判断をしました。このダブルスタンダードという事実が、やはり差別が今もあるということの表れの一つでもあるかなというふうに思っています。

私は地名について、ダブルスタンダードであるということをむしろ強調していきたいと思っています。地名を出すか出さないかについては、取材倫理というふうに考えた方がいいと思いますが、取材倫理というものは時代によって変わってきます。今では街中でカメラを構えて撮影する際に、人の顔を出さないように後から顔を撮ることが多いのですが、これはプライバシーの観点から一般的になりつつあります。そういったプライバシーに関する考え方の変化は、やはり取材する側も気をつけなければならないということだと思います。ですから、部落の地名については、取材する倫理として考えた方がいいだろうなと私はこの映画を通じて思いました。

●「言葉」の映画

この映画の軸になったのは、部落問題を「言葉」というモチーフで描くということです。映画を作るにあたって、何か比喩的な表現は必ず必要になってきます。単純に部落問題を描くだけでは映画は作れません。そうなったときに一つたどり着いたのは、部落問題をある種「言葉」の問題であるというような捉え方で考えることができないか、ということでした。

そこで、黒川みどり先生に被差別部落に名付けられた呼称という切り口から近代史を語っていただきましたし、また、多くの当事者の方に、座談会形式で部落問題について話してもらうという演出の方法もとりました。話をすることによって、話の内容というよりも、話者の存在を通して、部落差別というものを残し続けてきた私たちの世界を描いてみよう、そういった試みで映画を作っていきました。

ですので、例えばある差別表現について、差別する側の表現として具体的に出てくる取材対象者は鳥取ループ氏と六〇代の顔を出せない女性だけなんですが、それ以外にも過去の差別的なテキストを映画の中で朗読するようなアプローチもとっています。

●制作を通じて

最後に、若干重複しちゃうんですけども、この制作を通じて考えたことについてお話ししたいと思います。この『私のはなし 部落のはなし』というのは、基本的に自分のために作った映画です。自分自身が、自分の過去に向き合うためにスタートさせた映画ではあるんですが、そういった自分自身の思いから発信してるがゆえに、逆に、基本的に映画ってやっぱり他者に開かれている必要があるなっていうふうにも思っています。

映画の中で、私の『にくのひと』のことに関するエピソードもあるんですが、それはあくまでも一つのエピソードであって、この映画の主軸ではありません。それをもし主軸に据えてしまうと、自分自身の感情のために部落問題を利用しているという感覚になってしまいます。ですので、基本的に制作動機としては自分自身のために作ったけれど、多くの人に見ていただけるような、そういった開かれたものを作るべきだろう、それが映像を作る上で社会問題に関わる倫理の一つだろう、というふうに考えてます。

また、この映画の中で、『にくのひと』に抗議をした兵庫県連の方にも登場していただいてます。なぜ彼を撮影したのかっていうと、先ほど私が言いました通り、当時そのときに、なぜという問いを発することができなかったということもあって、自分から関係性を絶ってしまったんですね。そういった意味で、改めてこうやって膝を突き合わせて、なぜあの映画が許せなかったかを聞くことによって、話し合える関係性を修復したかった、そういった狙いもありました。

抗議を一つの関係性と捉えることによって、何か関係性を修復したりだとか、いろんな間違えたことを訂正しながら物を作ることができるのではないかと思います。その方が、やはり映像を作る人間としては建設的な態度だと考えています。今になってようやく抗議を一つの関係性で捉えることができたというのは、かつての『にくのひと』への反省があったからできたことだなというふうに思います。

あと、やはり一〇〇人いれば一〇〇通りの関わり方があるというふうに思っています。私は今回、映像を作る人間として、部落問題に関わりました。でもそれはあくまでも私自身の関わり方でしかなくて、それぞれ、教師だったり、行政職員だったり、運動をやっていたり、いろんな人の立場と関わり方があるので、自分がどこの立ち位置で部落問題と関わっていくのかということを自覚するのはすごく大事なことだろうと思います。この映画を観た方の中でも、自分の話をしたい、自分の部落問題の話をしたいというふうな感想を抱かれる方がすごく多くて、それは本当に作った監督としてはありがたい話だなと思いました。

やはり一〇〇人いれば一〇〇人それぞれの物語があるので、そういった物語を語り合えるようになってもらうといいのではないのかなと思います。それが解決に結びつくのかっていうと、そう簡単に迂闊なことは言えないなとは思うんですけども。少なくとも一〇〇人それぞれの物語を語り合うということが、部落問題を考える上では大事なことかなというふうに思っています。

『私はなし 部落のはなし』は二〇五分、三時間半ある映画なんですが、それで部落問題を全部描ききったとは考えていません。部落問題は壮大なテーマですし、ひとりの監督の手に余ると思います。一方で、やはり部落問題を考えることは、日本を考えることと同じでもあると思います。日本を考えるということは部落問題を考えるということでもあると言えるかなと思います。一人の製作者として今後も追求していきたいテーマだと思っていますし、作り手としては興味深いテーマであると思います。

次作はいつになるかわからないのですけども、部落問題には引き続き関わっていきたいなと考えております。ご清聴ありがとうございました。

（第36回花園大学人権週間・二〇二一年十二月六日）

私はウクライナ人だ
京都在住のウクライナ人からみたウクライナの現状

ウラディーミル・ミグダリスキー

●はじめに

先ほどはご紹介いただきましてありがとうございます。師先生のおかげで、今日、皆さんの前でお話しすることになりました。

私には、自慢していることがあります。武道バカということも自慢していますし、日本語を喋れるということもあります。ただ、今は自慢話をすることは避けた方がいい状況です。

私なりに時間調整しながら話すつもりです。とりあえず大雑把に言うと、私、私の家族、私の国ウクライナの事情、今後の未来はどの方向に向かっているか——その範囲内で話すつもりです。

私は五〇歳になりましたが、二三歳から教壇に立っていますので、教壇に立つのは慣れ過ぎています。人前で話すほか、通訳の仕事もしてきました。

先ほど、京都でゼレンスキー大統領の通訳をしたと紹介いただきましたが、ちょっと修正させていただきます。最近、ウクライナの話になると、ゼレンスキー大統領の通訳に携わったということで、偉い偉いと言われます。二〇一九年に、東京で二時間ほど通訳をさせていただいた経験があります。そのときは京都に来る予定もあり、いろいろセッティングされたんですけど、実際には全てキャンセルになりました。

通訳がどこまでうまくなったかということですが、発音が日本人らしいとは思っていません。私の発音には癖があるんですけれども、外人臭さがないということはだいぶ前から言われるようになりました。それがいちばんの褒め言葉だったんです。

たまたま、ゼレンスキー大統領の前任のポロシェンコ大統領が京都に来られたときに、通訳に携わりました。また、ウクライナの初代大統領であるクラフチュクさんが、ひそかに、半分ないしょで京都に来られたときに私は付き添って、京都をいろいろ回って案内させていただきました。これを一番自慢してるんです。残念ながらもう亡くなられてしまいました（クラフチュク氏は二〇二二年五月に死去）。

私は二四年間在日しています。二〇二二年の六月から、京都情報大学院大学の教授になりました。教授としては若い方だとよく言われますので、自慢しています（会場笑）。元々数学の科目だけを担当していましたが、それ以外に日本語を教えた経験もあるし、ロシア語の科目をいくつか担当させていただいたこともあります。同志社大学では、法学部で、ロシアの法と政治に関する原典講読を二〇〇五年から多分二〇一〇年か二〇一一年まで、非常勤講師としてやらせていただいた経験があります。

私はなぜここに立っているかというと、先生になりたかったんです。教えるのが好きだったんです。元々数学に強くて、教えるのは当たり前のことでした。私にとっては当たり前のことなんですけど、私があなたたちと同じ年齢だったときに、教えるようになっていました。今私が学生に言えるのは、自分では当たり前のように思っていることでも、準備してない人に対しては、簡単に伝えにくいということです。日本語の言い方で言えば「同じ土俵に立つか立たないか」ということです。見習いの精神を忘れず、ということでもあります。なんとなくですが、それと、少林寺拳法の関係で、教えることを通じて自分がうまくなることを知った。それは、数学やどんな科目でも一緒です。

●ウクライナに対するかつてのイメージ

日本人と触れあうたびに、よく「どこから来ましたか?」と質問されます。在日歴が長くなれば長くなるほど、日本語がうまくなればうまくなるほど、いろんな場面で、変なことに戸惑います。

最初の三回は短期滞在だったんですけれども、長期になったのは一九九八年に国費留学生として来た四回目の滞在のときからです。こちらは、ウクライナ人として「ウクライナの国籍を持っている留学生として来たんです」と言うんですが、当時は「ウクライナはどこですか?」と聞かれても説明しにくかった。ウクライナのことをオランダのように思う人もいたし、一九九一年に崩壊したのに、ソ連の影響が強すぎて、ソ連の一部でしょうか?　とも言われました。

(ウクライナ周辺の地図を示しながら)この辺はやっぱり、すべてソ連というイメージが強かったから、「オデッサ出身?　黒海?　ああ、湖ですね」というような会話がよくありました。湖ではございません。黒海は海です。ギリシアにさかのぼる歴史がありまして、周りに古代ギリシアの村もいっぱいありました。ご存知のように、『オデュッセイア』には、今のジョージアがよく出てきます。歴史をさかのぼるときりがありませんけれども、ソ連が崩壊してから七年目の一九九八年になっても、ウクライナがどこにあるかがわかる日本人が少なかったことは事実です。なぜならば、ソ連時代から、この地域の人はみんなロシア人である、という印象が強かったんです。

確かにソ連の範囲内で、公用語としてロシア語が使われていました。私が生まれ育ったのはオデッサという港町で、私の家庭はロシア語系の家庭です。血の繋がりでいえば、うちの母で先生をしているビクトリア・ミグダリスカ先生は、ピュアなウクライナ人。ピュアなウクライナ人といいながら、血の混ざっているところもいっぱいあります。ドイツのテンプル騎士団までさかのぼることができるし、コサック民族にさかのぼることもできる。

父はポーランド経由で来たピュアなユダヤ人。ユダヤ人はソ連の中では弱点がありました。ソ連では、パスポートの五行目で何々民族に属するという記入が必要だったんです。私の父はソ連の国籍を持っているソ連人だけれども、ユダヤ人であるということで、私の父はいっぱいひどい目にあわされたんですよ。兄と私は、生まれた時からウクライナ人として登録されました。

ソ連というのは、一五共和国の連邦国だったんです。そのことを、一九九八年の段階で、みんなが忘れかけていました。ソ連といえば、一つの怖いロシアというイメージしかなかったので、「私はウクライナから来ました」と言っても、誰もはっきりした場所がわからなかったんです。

●生まれも育ちもソ連、魂はオデッサ人

今は表記の問題――問題というか、日本国内では二〇二三年の三～四月から、新しい表記(ウクライナ地名の呼称を、ロシア語に基づく表記からウクライナ語に基づく表記へ変更)をするようになりました。例えば、私たちが出版した会話集(ミグダリスカ・ビクトリア、ミグダリスキー・ウラディーミル、稲川ジュリア潤『ウクライナ避難民とコミュニケーションをとるためのウクライナ語会話集』ドニエプル出版、二〇二二年)にも、すでに新しい表記に従った地図を載せています。けれども、やっぱり私自身は、地元はウクライナ語表記のオデーサではなく、ロシア語表記のオデッサに慣れているんです。

私と、母と、私たちの家庭の日本との繋がりは、オデッサと横浜の姉妹都市関係の中で育てられたというか、かわいがられたとも言えます。

今日、地元の旗を持ってきたんですけど、港町ですから、こういう港の印がついている。国の誇りは、やっぱり国の歴史と地元の歴史です。だから、私自身にとって、ウクライナはウクライナな

んだけれども、私は自分の町が何よりも大好きだったし、江戸っ子という言い方がありますけれども、うちの町の出身者は独特のユーモアのセンスを持っていると言われるオデッサっ子。私たちはオデッサ出身者なのです。

ここまで、私がどこから来たかを話してきましたが、オデッサで生まれ、育っていたころは、日本語とは全く関係なかったんですよ。私の場合は、父の影響を受けて、武道で日本と繋がっていたので、空手とか柔道といった言葉だけは、多分五歳とか六歳のころから知っていました。

その時期はソ連でしたので、外国人と直接触れ合う機会は全くなかったし、許されていなかった。ただし、外国から来客があった時などに、子どもたちに旗を持たせて振らせるという習慣がありました。たまたま、私が通っていた学校に国際的な活動をするクラブがあり、日本との関係や、姉妹都市である横浜には港が存在すると聞いて、このクラブに入りました。私が初めて日本人と出会ったのは、九歳か一〇歳、一九八一年のときだったんです。

母のビクトリア先生に連れられて、クラブに週に一回ぐらい通うようになりました。部活動のようなものだったんですよ。私を通わせているうちに、ビクトリア先生も自分なりに日本文化に興味を持つようになりました。自分の手で着物を縫ったりとか、いろいろなものを作ったりするようになって、結局、日本語の先生になられたんです。このように、うちは独特な家庭です。今日のテーマは「私はウクライナ人だ」。だから、大半の話は、私とか私の家庭に関する話になるかもしれません。オデッサと聞いても、ウクライナと聞いても、今はみんながわかっています。ニュースにほとんど毎日、一日に何回も出てきます。だから説明しやすくなりました。

私は日本語ができなかったけれども、外国人の代表団の前に立つだけでなく、ちょっとした挨拶をしなければならないこともありました。だから私たちは、一〇～一一歳のときから「全世界の平和万歳」「ソ日友好万歳」「オデッサ横浜姉妹都市万歳」というスローガンを大きな声で言えるように練習したり、「赤とんぼ」など日本語の子どもの歌を覚えさせられたりしました。

もっと複雑な、ソ連的な出来事としては、広島・長崎の原爆に関する写真集をあちこちの工場とか労働者の前で講演し、紹介するような活動に関わりました。一二歳の私がどこまでわかっていたかはともかく、原爆の写真を持って説明したりしました。どれぐらいそれがひどいことか、大人になってからわかったんですが、今思えば、一二歳の子どもに紹介させるというのは、その子どもへのちょっとした虐待のようなものだったんです。やっぱり子どもは、戦争を見るべきではありません。

ただし、少林寺拳法との出会いは、この流れのなかであったんです。だから私はこのようなことがありながらも、日本と出会えたことに感謝しています。父の武道の影響にあったおかげです。一九八三年に少林寺拳法の専門家と出会ってから、それ以降少林寺拳法一筋です。ちゃんとした稽古ができるようになったのは一九八九年からですけれども、まだまだ現役です。ここには少林寺拳法の先生方がいらっしゃるから、現役だと言うのはちょっと恥ずかしいことかもしれませんけど。

一二歳のときから、当たり前ですが、私と日本人との間にはギャップがあったんです。当時出会った日本人には、私と同世代の人がいなかったんです。だから、ちょっと年配の方と話すことになった。一〇歳の私が三〇歳の日本人の話を聞き、二〇歳になった学生の時代に四〇歳の先生と話すような感じです。やっぱり先生の影響は強いです。言っていることを当たり前のように受け入れます。たまたまうちの少林寺拳法の指導に少林寺拳法の創始者、開祖であり、戦争経験者でもある人物（宗道臣）がいらっしゃって、その話を少しずつ聞く機会がありました。

その話を、自分の歴史を学ばされた経験と比較してみると、なんか間違っている、なんか違うと思いました。例えば私たちは、ソ連の歴史を学んでいたんです。ソ連系の歴史と、日本側で説明されていた歴史は全く正反対の点がいくつかありました。

●大陸のなかのウクライナ

京都とキエフ（キーウ）の間で姉妹都市関係が結ばれたのは、一九六五年です。一九六四年の東京オリンピック以降少しずつソ連との関係が雪解けしました。横浜と姉妹都市関係が結ばれて、代表団が来てくれるようになったり、技術や科学を紹介するエキスポが行われるようになりました。また、キエフと京都は一九七一年に姉妹都市になっています。

ウクライナは、立派な、欧米系の国です。私はキエフ出身ではないけど、キエフに何回も行ったことがあります。有名な広場、有名な宮殿、有名な教会とかがありまして、自由な気持ち、自由さにあふれた地域です。

キエフの歴史について、伝説では四人兄妹がいらっしゃって、長兄キーイさんの名をとってキエフと名づけられました。表記の話ですが、これまでは「キエフ」と言ってきましたが、正しい表記は「キーウ」です。誰かの気持ちに差し障らないように、ここからは「キエフ」と言うのをできるだけ避けます。

六〜七世紀ころから、この地域に村が存在していたそうです。そういう意味で、京都とキーウは古い歴史を持つ町、古い都という繋がりがあります。教会は素晴らしいのですが…今は心が痛いです。キーウの町並みが全て、あるいは半分潰されているニュースを見て、もうあり得ないと思います。

先ほど紹介いただいたときに、今まで戦争が続くとは思っていなかったと言いましたが、母のビクトリア先生の時代には、そもそもロシア人とウクライナ人の間で殺し合いになるとは思ってなかったし、誰も信じたくありませんでした。

二〇二二年の一一〜一二月に、アメリカの特務機関から、ロシアが侵攻する計画を立てたというニュースが流れてきました。その時点では、戦争になるということは想像しやすかったんです。二〇一四年にクリミア半島を奪われて、東部のドネツク州、ルハンシク州で紛争があって、秘かにロシア軍を送られて…といろいろあったんです。そういう意味で戦争の状態が続いていましたけれども、本格的に攻撃されるとは、誰も、ぎりぎりまで信じたくなかったんです。

なぜならば、やっぱりウクライナとロシアは兄弟民族だと言う人がいたからです。今、それを言うのは、政治的に危ないです。今、私が兄弟民族だと表で言ったら、ウクライナ人に叱られますよ。亡くなられた方がかわいそうだから。

日本人はよく、何かが起こったら、何かがうまくいかなかったら、言い訳として「私たちは島国だから」と言います。確かに地理的に言えば、大陸的な交流はなかったんです。だから、ミックスの家族とか、国際結婚が今でも珍しいものです。

でもウクライナとその周辺では、国境線をはさんだ二つの村で――例えばオデッサ州とモルドバ共和国の間で交流があるため、ロシア語、ウクライナ語、モルドバ語という三つの言語で話せる人がいたりします。ポーランドとかルーマニアとかもいろいろ混ざったりしているので、一つの街で五分の一はポーランド人、五分の一はユダヤ人、五分の一はロシア人…といったこともあります。そういう意味で、やっぱり大陸であることの影響が大きい。

だから、歴史を学ぶならば、大陸的な戦争と大陸的な帝国の動きを見なければなりません。例えば、ローマ帝国、ビザンティン帝国、中国の歴史など、いろいろ振り返ってみたら、共通点は一つだと思います。繁栄する時期もあるし、滅びる時期もくるんです。どうしても滅びる時期がきます。私たちが今、向き合っている問題というのは、ソ連が完全に滅びなかったことです。一九九一年一二月の段階でソ連崩壊と宣言したけれども――ウクライナは八月二四日に独立を宣言していました――完全にソ連は崩壊しませんでした。それが、今私たちが向き合っている問題だと私は思います。

キーウという町は、先ほど説明した通り、歴史が古く、キエフ大公国の首都になったのは九四五年です。九八八年に、私の下の名前と同じ、ウラディーミル一世が、キリスト教を受け入れたんです。ロシア式の発音で言えば、「ウラディーミル」という名前の人物は何人かいらっしゃいます。まず、今述べたキエフ大公国の創始者、ウラディーミルという王様。共産党の革命を起こしたウラディーミル・レーニンさん。今、悪魔の存在になったロシア連邦の大統領、ウラディーミル・プーチン。そして私たちの国の大統領、ウラディーミル・ゼレンスキー。それ以外にも、もちろんいらっしゃる。(写真を見せながら)これは、ゾロチ・ヴォロータ、「黄金の門」と名づけられたものです。モンゴルのチンギス・カンのお孫さんのバトゥという司令官に一二三六年に侵略を受け、彼のせいでキーウは完全に焼かれました。一九八二年に復元され、現在その内部は博物館になっています。

●ウクライナと日本の交流の歴史

ソ連は悪魔の国だったけれども、他国との文化交流は続いていました。それによって何が歪んだかといえば、全てロシア語にいってしまったんです。多分二〇年前まで、ウクライナ語を習った日本人はあまりいなかったと思います。唯一存在していた教科書が、中井和夫先生の『ウクライナ語入門』(大学書林)。それ以外はロシア語ばっかり。やっぱりロシアを案内する中で、ウクライナはロシアの一部分として紹介されました。

ただし、ソ連が作られた段階で、ウクライナは最も大きな力を持っている三つの国のなかの一つでした。ベラルーシとロシアとウクライナ、この三つの共和国です。ウクライナがなければソ連は成り立ちませんでした。それとウクライナは、穀物生産地として農産物関係の豊かな国で、どんな時代でも狙われていたんです。

京都市はキーウとの交流ですごく繋がっています。「京都キエフ交流の会」がありまして、現在寺田バレエ・アートスクール校長の高尾美智子先生が柱になっていらっしゃる。また、祇園四条にあるレストラン「キエフ」も有名です。元々ロシア料理とかのソ連系の料理の店で、あの加藤登紀子さんのお父さんである加藤幸四郎さんが開業したお店です。登紀子さんのお兄さんの加藤幹雄さんが、今でもオーナーとして経営しています。

（写真を見せながら）ここに写っているのは、当時のキーウ市長と、当時のウクライナの副大使クリニチさん。後ろに立っているのは加藤幹雄先生。私は加藤さんのことを年齢的に「先生」と言います。それと、私と高尾先生との関係はずっと前からありまして、一五年以上、関係が続いています。

私はウクライナ人であり、歌と踊りが好き。だから、今日ここで見せるものとして持ってきたのは、伝統的なウクライナの服。私はよくこの衣装を着て、ウクライナ式の踊りをよくします。ちょっと今日はかっこつけてしないですけど。申し訳ありません（会場笑）。また別の楽しい機会で。

この写真は、今のキーウ市長、ビタリ・クリチコ市長がボクサー（元WBO、WBC世界ヘビー級王者）だったとき、京都の代表団——ほとんどが寺田バレエ・スクールの仲間たち——と撮ったものです。京都とウクライナの交流は、この高尾先生と、その息子さんである寺田宜弘さんのおかげで、七〇年代から続いているんではないでしょうか。加藤先生のおかげで、やっぱり京都の人はよくウクライナのことを知っています。言ってはいけないけど、二〇年前の東京の人よりそうです。

私は別です。私はやっぱり港しか知らなかった。山が存在すると本で読んだことはあるんですけど、日本に来る前に直接見たことはありません。ほとんどをオデッサという港町、海辺で育ったと思います。そういう意味で、横浜との交流は結構すごいことです。

横浜との交流の歴史は、一九六五年から正式に姉妹都市関係。私たちが、この姉妹都市の関係の範囲内で携わるようになったのは、大体一九八一年、八三年。それとウクライナ独立になってからは、私たちはずっと携わってきました。

二〇二二年は、形としては、ウクライナが独立して、日本とウクライナとの交流が始まって三〇周年、外交関係の三〇周年の年です。実は、日本とロシア帝国のオデッサとの繋がりは、大体一九〇二年からです。ある時期に自分で調べたことがありまして、一九〇二〜一九三七年にはオデッサに大日本帝国の領事館が存在していました。それはあまり知られていない珍しい情報です。手に入ったいくつかの情報、具体的には最初に担当された領事さんの名前とか――福田彦助さんとか、島田滋さんとか――私はその写真を見つけたことを自慢しています。それ以外にも、田中文一郎さんとか上村伸一さんとか、いろんな名前が出てきましたけど、もっと詳しい情報についてどこまで探すかは、やっぱり個別の研究テーマかもしれません。

それと、この領事館が存在していたのはいろんなことがあった時期です。日露戦争の前に領事館を開設したものの、日露戦争で閉鎖され、日露戦争の後に再開したもののその後閉鎖、そしてロシア革命の後に再開と、何回も閉鎖しては復活しています。

うちの地元に伝説がありまして、私の母方のおばあちゃんは美人で、領事さんに気に入られたらしいんです。在オデッサ日本領事館の中で行われた宴会に、何回も呼ばれたそうです。ジョークとして「あなたは何で日本語を話せるようになったんだ」と聞かれると「やっぱりママはハーフではないでしょうか」と言います。もしかして、ママにはどこかで何かそういう繋がりがあったんではないでしょうか。おじいちゃんとおばあちゃんは、ご夫婦で何回も領事館に呼ばれたそうです。おばあちゃんは結構、領事さんの奥様に似ていらっしゃったという話もあったし、きっと、仏教でいうところの縁があります。

領事館が閉鎖されたのは一九三七年、ソ連でいろんなひどい政策が行われたときに、日本側のスパイがいるのではないかと疑われたためです。実際には、日本人は港関係で五人か七人しかいらっしゃらなかったんです。でも閉鎖されたんです。

●オデッサについて

（オデッサの写真を見せながら）これは自慢の写真です。地元の黒海と、オペラバレエハウスというところです。欧米でトップ5に入ると思います。ウィーンの美術館のような建て方で、ウクライナのなかではトップ3に入るかもしれません。これは私の地元のシンボルでもある、リシュリュー公爵の像です。最初の市長です。今は戦争なので、像を砂袋でかばっているんです。

それと、全世界で有名な場所というと、ポチョムキン階段。『戦艦ポチョムキン』というエイゼンシュテインの映画がありました。制作・公開は一九二五年です。この映画にでてくるエピソードで、最初のロシア革命の一九〇五年、ある戦艦の中で、食事で出された伝統的な野菜と肉のスープが腐っていたことがきっかけになって、乱が起きたんです。この乱が起きた戦艦が、ロシアから逃げて、ルーマニアのコンスタンツァに行ってしまいました。オデッサに軍隊が来るとか来ないとか、そういう政策があったらしく、それについての映画です（注：実際の映画では、戦艦ポチョムキンがルーマニアに逃れることは描かれない）。

映画を作ったのはエイゼンシュテイン監督。エイゼンシュテイン監督は、世界的に有名な方で、映画製作を習っている方はどんな教科書でも目にします。『戦艦ポチョムキン』ではポチョムキン階段を乳母車が落ちていくシーンが有名ですが、映画史上で乳母車が落ちる場面は、エイゼンシュテイン監督の『戦艦ポチョムキン』と、ブライアン・デ・パルマ監督でケビン・コスナーとショーン・コネリーが出てくる映画『アンタッチャブル』の二つしか存在しません。『アンタッチャブル』で、シカゴのユニオン駅で乳母車が落ちるという場面が復活しました。元々はエイゼンシュテイン監督。

●これまでの交流の経験

私は、日本語ができるようになって、武道に興味があって、いろいろな交流活動に携わって日本を目指しましたけど、ソ連時代は日本に来る計画は全くありませんでした。そのときから一五年後に日本に住むということは、想像もできなかったんです。運良く私がここに立っているということは、やっぱりウクライナ独立があったからこそです。

（写真を見せながら）この写真の一番下に写っている人物は、私の師匠です。少林寺拳法の神奈川連盟の遠藤先生。残念ながら亡くなられましたけれど、彼のおかげで私はもっと頑張れるようになったのかもしれません。いらっしゃらなかったら、多分そこまでしなかったかもしれない。

母も何回も来日することがありまして、初めて来日したのは一九八九年。どこまで有名かというと、そんなに有名ではないかもしれませんけど、二〇一七年のときに岸田総理――当時は外務大臣――から外務大臣賞を授賞されました。それはうちの家庭の自慢です。

それと一九九一年、ウクライナが独立して、ソ連でクーデターが起こったちょうど八月、母が姉妹都市関係の中で、日本に子供たちの代表団を連れてきて、「ピースリー」というコンサートが行われました。日本人と、姉妹都市の関係者が一緒に参加するということがあって、いろいろなことをやりました。その時は私も若かった。そういう時期もありました。

●ウクライナの情勢

ウクライナの情勢にいきたいと思います。

ここに座ってらっしゃる方はほとんど、運良く戦争経験はされてないと思います。私の母は生まれ育ったときに戦争があって、戦争の後はひどい飢饉があった。ここに年配の方々がいらっしゃって、もしかしてそういう貧しい生活体験をされたかもしれませんけど、運が良かった私にはわかりません。今、地元オデッサに弟がいます。今、弟がどんな気持ちでいるか、私には想像できません。

毎日爆発音、毎日サイレンの音が流されているってことが、私には想像できません。私は、この二四年間、安心・安全しか知りません。経済分野は別として、戦争は今の日本ではありえません。

今まで日本にいながら、新聞を見て、あるいは最新のニュースを聞いて、二月二四日に起こったことを聞いて、もうどこまでひどいことをやっているか、ありえないと思いました。何でそこまでするんですか、という気持ちになりました。自分を責めようとしたり、反省するところはないです。ロシア人はそれだけひどいことを起こしているのです。

先ほどリシュリュー公爵の像をお見せしましたが、これが今、オデッサのシンボルとして守られているんです。何かひどいことにならないように。

また、キーウにはウラディーミル一世のおばあちゃん、オリガさんの像もあります。歴史の中で、この人物は、ものすごく有名で、ただのおばあちゃんじゃなかったんです。敵の軍を簡単に潰したおばあちゃんです。知恵を使って潰したという、有名なオリガ。これも一つのキーウの名所ですが、今、これもロシアからの攻撃に備えて、砂嚢などで庇われているんです。もうこれだけでも、戦争の現実を表しているのではないでしょうか。

今、日本国内で出版されているウクライナの事情を説明する本は山ほどあります。私は本を紹介したいんじゃないんです。ニュースが毎日ありまして、情報を知りたい方、例えば戦争の現状の写真を見たいという方は、情報が手に入ります。だから情報がないとは言えないんです。日本国内に住んでいる日本人も、ロシア語系の人も同じ。

ひどいのは、日本に住んでいるロシア語系のコミュニティ。今まで私は、なんとなくその一部だったんです。しかし戦争が始まってから、ロシア語系のコミュニティと、ウクライナ語系、ウクライナ出身のコミュニティ、それとウクライナを応援するコミュニティは別々になったんです。なぜならば、ロシア語系でロシア国籍を守り続けている方がいらっしゃるんですが、その方たちは日本国内に住んでいて情報が手に入るにも関わらず、大きな声で反発の声をあげません。それはソ連のひどい影響です。なぜならば、何か反対の声をあげたら、刑務所に行かされるとか、あるいは親戚がひどい目に遭わされるとか思うからです。当然です。

少林寺拳法にも、ロシア連盟が存在しています。ロシア連盟の方々も、今、ロシア国内で黙ったままでいらっしゃる。一年後、私たちはきっと会えますよ。会ったら、どんな目で、どんな顔合わせになるか、想像できません。

それとロシアは戦い方が汚すぎて、明らかに犯罪者です。明らかに軍事犯罪を起こしているのに、認めない。それは何とかしてくださいと言いたいですけど、核兵器を持っている今のロシアを抑えることは誰にもできないのです。万が一赤いボタン（核兵器のボタン）が押されたら大変なことになります。ウクライナ語で「地雷を持っているお猿さん」という言い方があります。おもちゃとして持っていて、いつ投げ飛ばしてくるかを想像できないんです。だから危ない。どうしても危ない。

最終的にウクライナは勝ちます。それは当然です。それは誰でもわかっている。この九ヶ月の流れを見て、どうしても負けるわけにはいきません。自分の国を守るために戦っているんです。自分の自由のために戦っているんです。どうなれば勝利になるか、白黒をつけるのは簡単です。ロシアが国境を越えていない時点まで戻ることです。

ウクライナ国内にもいくつかの問題がありました。しかし国内の問題は全てソ連からの歴史を引き継いだものです。どんな帝国でも、小民族、多民族を組み合わせた場合や、違う宗教を組み合わせた場合には、どうしても問題が起きるし、どうしてもある時期には滅びます。

モンゴルもある時期までは強かったんです。その後に違う国の部隊を受け入れるようになってから、あちこちの宗教を受け入れることになって、それでバラバラになったんです。元々の部分は強かったんです。

これは、私が誰かを褒めているという意味ではありません。変な目で解釈しないでください。私は戦争を褒めるということは一切しません。ただし、戦争には戦い方があります。残酷に、国民を潰そうとしている戦い方、それは戦争じゃないです。それは長年の恨みとなります。

例えば、私が同志社大学で法学部の学生にロシア語原典講読を教えていたときに、「あなたたちはロシア語については専門外ですから、言語はうまくならなくてもいい。しかし少なくとも外来語を見分けることができるようになってほしい。政治とかは外来語も多いですから、それを判断できるようになってほしい」と言いました。外来語は判断しやすかったんですよ。

ロシアはますますソ連に向かっています。二〇〇八年のジョージアとの出来事（南オセチア紛争）とか、二〇〇五年から五、六年、私はちゃんとロシアの政治の動きを見ていたんです。学生にこの間のニュースを紹介したんですが、毎回「新しい武器を私たちは発明した」という宣伝ばっかりだったんです。日本語には、「土台が悪いと何にもならない」という言い方があります。基盤が悪いと何にもならない、建物を建てられない。ロシアの基盤は、ソ連系の基盤なんです。

今回のロシアの戦い方で明らかになったのは、裏では盗みばっかり、殺し合いばっかりしていることです。本当にディシプリン（規律）を全く守っていません。ご存知のように、結果的に犯罪者を受け入れるという体制を作りました（注：ロシアの準軍事組織ワグネル・グループは、戦闘員として囚人を採用しているという）。

私は、二月二四日にこういう出来事が起こったとき、母や弟からニュースを聞いて、「今日から爆発の音とかサイレンが鳴らされている」と聞きました。キーウの郊外、ユダヤ人とポーランド人が殺されたことのある地域の近くに、テレビ局のタワーがありました（注：タワー近くのバビ・ヤール渓谷で、第二次大戦中、ナチス・ドイツによるホロコーストが起きた）。歴史的な博物館みたいな地域ですが、そんなところまで攻撃されてるんです。そのとき私は、爆撃された写真を自分のSNSにアップしました。そうしたら日本国内に住んでいるロシア人に、「あなたはどこからこの写真をとってきたんですか？　あなたは何でこの写真が事実だと思うのか？」と批判されました。

オデッサの近くに、ズミイヌイという島があります。ニュースで「蛇の島」と言われる有名なポイントです。形としてはオデッサ州に属するが、実際には百キロメートルぐらい離れたちょっとした島で、何もない、蛇しか住んでない島という噂です。ただしその島を軍事的に押さえると、黒海に面している全ての境界線を支配するとも言えます。だからロシアの侵攻が始まろうというとき、ロシア艦隊がズミイヌイ島に近づいたという段階で、オデッサ州に入ったということだから、ウクライナにとってそれはもう既に攻撃です。ウクライナが侵攻されたかどうかについてはこれで充分なのです。

日本との共通点を探すつもりはないけど、領土問題は中国や韓国とありまして、問題になっている島の近くに漁船が近づいてた時点で、既に犯罪なのは明らかです。ただ、犯罪は犯罪ですけど、軍事攻撃をされると、ちょっとこれは別の次元の犯罪です。

●ウクライナとロシアとの関係が悪化した歴史的背景

あわせて二つの課題を説明したいと思います。一つはウクライナの情勢――政治の情勢、軍事の情勢。それともう一つは、ウクライナとロシアとの関係は何でここまで悪化したか。

今、ある俗語が話題になっています。「ロシア海軍はもう出ていけ」みたいな意味を表しています（ズミイヌイ島を防衛していたウクライナ国境警備隊が、ロシアによるウクライナ侵攻の際、投降を呼びかけたロシア海軍の軍艦に対しての返答した言葉）。ごめんなさい、本当に汚い言葉です。ただ、この言葉が現状を表しています。

二月二四日に戦争が始まったとき、すぐあちこちのテレビ局とかから、取材の依頼がありました。実はそれより前から大学経由で私に声がかけられていたが、私は断り続けていたんです。でも、戦争が始まって、私には何ができるかと思い始めました。私は教壇に立って口を動かす仕事ですから、やっぱり正しいことを伝えるしかできないと思って、少しずつ取材に応じるようになりました。

三月の時点から、いろんな記事が出ました。当時、三月の時点で、母が日本に来られるかどうか自信がなかったんです。実は足が不自由なので、来られないかもしれないと、私は記者に説明しました。母のビクトリア先生は、四五日間を向こうで過ごしました。

いろいろな記事がありましたが、ある新聞の記者に、一時間〜一時間半ぐらい、ブダペスト覚書（一九九四年、核保有国であるアメリカ・イギリス・ロシアが署名した覚書。核不拡散条約に加盟したウクライナ・ベラルーシ・カザフスタンの安全を保障するという内容）はどういうものだったのか、ちゃんとした、もう講義のような説明をしたんです。ブダペスト覚書で私たちのウクライナが核兵器から解放された、という一番自慢していることを説明したにもかかわらず、記事になりませんでした。ちゃんとこちらから精一杯説明する努力をしたのに、私は一時間を無駄にしたんじゃないかなと思いました。残念です。

ウクライナにソ連時代から引き継いだ問題があるのは、共通の歴史があるからこそです。この地域の草原では、騎馬民族が走り続けていました。三世紀とか四世紀とか、フン族までにさかのぼることができます。フン族の起源ともいわれるスキタイ民族は、インド・ヨーロッパ語族という説もあります。ローマ帝国を苦しめていた野蛮人（バーバリアン）といえば、北から来たのと、東のビザンチンの方から来たこういうスキタイ民族などといわれています。『物語 ウクライナの歴史――

ヨーロッパ最後の大国』（黒川祐次、中公新書）は、結構詳しいと思います。

スキタイ民族のときから残っている歴史的な遺跡は一番貴重です。クリミア半島には博物館もありました。クリミアがロシアに編入されたときに、これを全て奪われたんです。今、ロシアのどこかに隠されているのかどうかわかりません。サルマタイという民族がローマ帝国の最後の時期に存在していたという情報もありまして、アーサー王がスキタイ民族あるいはサルマタイ民族だったのではないか、という説もありました。

いろんな帝国――ローマ帝国にしてもモンゴル帝国にしても――がありますが、その地域の軍事部隊を受け入れたり、あるいは義務として自分たちの軍に入れたりしました。スキタイ民族は、騎馬民族としてよく使われていました。

スラブ民族が現れたのは、大体五世紀から六世紀の時期で、スラブ人がいたのは大体シルクロードの最後の一部といっても間違いないです。一般的な考え方では、カスピ海までがシルクロードです。ただしスラブ民族は、ハザール（七～一〇世紀にカスピ海北部から黒海沿いに栄えた遊牧民族およびその国家）が存在していた時期に、そこから黒海あたり――イラン、当時のペルシャや現在のジョージアがあるところ――までたどり着いて、ドニエプル川経由でノルマン民族と強く繋がりました。

スラブ民族にはノルマン民族を利用する習慣がありました。ノルマンの軍を呼んで結婚関係を結んだりとか、いろいろありました。ウラディーミル一世はリューリクというノルマン系の方で、リューリク朝・キエフ大公国の君主です。だから、元々スラブ系でありながら、軍事力としてノルマンを利用していたという説が最も有名です。

ただ、ここには専門家がいらっしゃるかもしれませんけど、歴史の流れで書かれた資料をどこまで信じるかは微妙な問題です。残っている遺跡は確かでも、人が書いたものは当時の政治の流れに合わせるように書かれます。ノルマン民族が古代ロシアのルーツともいわれていますが、ロシアの専門家はだいぶ前からその説を嫌がっていたんです。

ある時期に、ウクライナの地域ではキーウが中心だったんです。モンゴル侵略を受けて、キーウの力が弱くなったのは、一二三〇年代の時期。それ以降、スラブ系の抵抗が弱まって、東スラブ系の人々はもっと北、もっと北東に逃げました。中央スラブ系――チェコとかハンガリーの人々は、そのまま山に囲まれて、バルカン半島の近くに生き残っているわけですけど、東スラブ系はいつでもどこでも逃げることができたんです。だから、ボルガ川の地域にも逃げました。

この歴史は、私たちの問題の一つです。なぜならば、ウクライナが独立を思うようになったのは、一四～一五世紀の時期です。あまり有名な話ではないかもしれないけれど、モンゴル侵略の中で、モンゴルの支配が弱くなって、ドン川の辺りで戦いがあって、だいたい一三八〇年代、中国の元が滅びたあとの時期に、欧米にも影響が広がってしまったんです。モンゴル帝国が弱くなって、ロシアが少しずつ北とか東に広がり始めました。あちこちに独立して住み始め、村が発生しました。

コサック民族というウクライナの一つのルーツはどのようなものかというと、あちこちで国境を守り続ける男性の部隊です。村はほとんど男性の方なんです。海賊の活動もやっていたそうです。

軍事力を持つ独立した男性の集まりで、なんていうか、立派な浪人。ちょっとこれはギリギリセーフの言い方ですけれども、今、ウクライナ・カザフ民族は侍精神を持っているのではないかと言う人がいます。私は、全く別の次元の話と思うけれども、このような軍事の伝統がありました。

それと、ウラディーミル王は九八八年にキリスト教を受け入れました。なぜキリスト教を受け入れたかというと、ここにも面白いストーリーがあります。国を成り立たせるためには、思想が必要です。思想ということでは、やっぱり宗教的な思想が良いということで、彼には選択肢がありました。ユダヤ教にするか、当時もう既に存在し始めていたムスリム（イスラム教）を受け入れるか、あるいはギリシア系のキリスト教を受け入れるか。カトリックよりギリシア系の方が近かったんです。

選択肢はこの三つ。この三つの中で、なぜキリスト教を受け入れたかというと、ムスリム関係は肉を食べない。ユダヤ教も肉を食べない。お酒も駄目。だから肉も酒も禁じられていないキリスト教を受け入れた、というのが一つのストーリー（会場笑）。もちろん半分ジョーク、半分本当の話。

この地域のキリスト教の源は、キーウ・ロシア（キエフ大公国）。キーウが中心でした。キーウが弱くなってきて、少しずつモスクワ中心になりました。

モスクワ中心になった時期には、バルト海と黒海に、港が全くなかったんです。ピョートル大帝（在位一六八二～一七二五年）の時代、一六八〇年代、九〇年代、一七〇〇年代まで、海の窓口はなかったんです。最初に、ロシアの港、バルト海の窓口を作ったのは、ピョートル大帝。その後、エカチェリーナ二世（在位一七六二～一七九六年）の時代、エカチェリーナの恋人に当たるポチョムキン伯爵が軍の柱として讃えられて、軍はクリミア半島とオデッサ辺りの黒海の海岸にロシア帝国の地域を作って、エカチェリーナに差し上げたんです。オデッサという町は、一七九四年にエカチェリーナ二世の命令で建てられた、そういうストーリーです。

●世界平和万歳！　世界に平和は訪れるか？

師先生が書いてくれた紹介文（「「世界終末時計」を進めないために：ウラディーミル・ミグダリスキーさん講演紹介」師茂樹、『花園大学人権教育研究センター報』四二号、二〇二二年）を読ませていただいて、確かにいろいろ考えさせられた点はあります。私たちはどんな危機に近づいているか。それ以上の危機はあり得るか、あり得ないか。未来があるかどうか。どういう見込みがあるというのか。

繰り返して言います。ウクライナは勝ちます。今のような存在のロシアは滅びます。別の形になるかもしれないけど、北朝鮮のような鉄のカーテンに囲まれたひどい体制であれば滅びます。今流行っている言葉はtoxic（「有毒な」を意味する英語）。ロシアが誰も触れ合いたくないtoxicの国、toxicの地域になるという見込みを持つのは当たり前です。

ただし、どこまで長く続くか。毎日、ウクライナ人が死んでいます。殺されています。毎日子どもたちが苦しんでいます。

ある時期のモンゴル侵略を当時のキエフ・ロシアが受け入れずに止めたのは、ヨーロッパを守ったことだと言えます。それによって欧米を救ったという専門家もいらっしゃいます。同じく今私たちが戦っているということは、ウクライナを守るだけではありません。私たちが負けたら、もっとひどいことになる。また東ヨーロッパ全部が狙われ、もう収まらないということになります。

「多国籍京都市民」として生きる

もう一つ、師先生が書いたとおり、私にとって、私の家族にとって、もうウクライナで直接戦うことはできません。この写真のような場所で戦うことはできないのです。

けれども、私が一番自慢したいことは、ちゃんと税金を納めている外国籍京都市民だということです。帰化するつもりはないです。帰化してくださいと言われたこともあったが、私はアイデンティティを守ることも必要だと思いましたから、帰化しないと頑固に思い続けたんです。良かったか、悪かったか。ここに立っているのは、外国人として日本で生き残るコツをわかった、多国籍の人です。

京都の宝ヶ池が大好きで、宝ヶ池によく稽古とか、いろいろ遊びに行きます。あれは私の税金で存在していると言いたいです。私もちゃんと税金を払ってるから、ちゃんと誇りを持って、ビクトリア先生を連れて行くこともできます。私は、少しずつできることをやります。母も弟も教員ですから、私たちは様々な教材を作るしかないかもしれません。

運が良くて、日本政府のおかげで、ウクライナからの避難民を受け入れることになりました。最初、母は、来ることができなかったんです。それを私もずっと悩んでたんですけど、ウクライナで四五日間過ごして、運良く四月一六日に、無事に自分でポーランドに行って、ポーランド経由で来日することができたんです。それについては、やはり私は、ウクライナの代表者として、日本政府に感謝しています。それは言うまでもありません。

私たちに何ができるかというと、すぐにこういう会話集（前掲『ウクライナ避難民とコミュニケーションをとるためのウクライナ語会話集』）を作り始めて、大体四月末ぐらいに出来上がりました。

そろそろ終わりたいと思います。皆さんはテレビのニュースを見ていますが、実際にどういうことが起こっているかを知りません。それなのに、今世界で何が起こっているのか、どんな戦争が起こっているか言っている方を、私は理解できません。

だから、ロシア語系のコミュニティに亀裂が出てきたんです。日本に住んでいて、情報に触ろうとしない。このような「見ざる言わざる聞かざる」という態度を取るのは楽ですけれども、ある記事で私が言ったように、一世代超えないと、今できた溝――ロシア系の人、ロシア出身とかロシア国籍を持っている方と、ウクライナ人との溝――は、なくなりません。一世代超えるぐらいのことが起きないと、一〇年経っても一五年経ってもウクライナ人は許さないでしょう。

ちょっと暗い言葉ですが、終わらせようと思います。話したり、自慢する写真を見せるのはきりがないですけど、それはどこまで今の時期にふさわしいかどうか。逆に皆さん、ここにいらっしゃる学生たちとか先生たちとか、何か直接ご興味があったら言ってください。聞いてください。私が答えられる範囲でお答えいたします。

（第36回花園大学人権週間・二〇二二年十二月七日）

トランスジェンダー

言葉の獲得について

西田　彩

皆さんこんにちは。

今日は花園大学にお招きいただきましてありがとうございます。

さきほど紹介いただきましたが、わたしからもちょっとだけ自己紹介しておきたいと思います。わたしは西田彩《にしださや》といいます。生年月日は一九六七年、昭和四二年生まれです。二〇二二年で五五歳になり、半世紀を超えて生きながらえてしまったという感じです。普段は音楽家として活動しておりまして、シンセサイザーという電子楽器を演奏したり、音楽や楽器の記事を書いたりしています。

また、京都精華大学をはじめとして五つの大学で音楽を教えており、大谷大学ではセクシュアルマイノリティについて教えています。

最近、星野源さんの番組に出演した際、私の代わりに画面に登場した私のパペット人形が非常に可愛かったので、そのアイコンをプロフィール写真でも使用させてもらっています。私は「西田彩ゾンビ」という名前で音楽活動を行っていますので、このパペット人形には「ゾンビかいせつぃん」という名前が付けられています。

●はじめに

今日は、前半部分で「用語」についてお話ししようと思います。性的マイノリティに関する用語は世間にも広く流通していますが、使われ方には曖昧さがあります。特にトランスジェンダーに関する説明は、たとえば説明コストの少ない「心と体の性が一致しない人」といった簡単な表現で終わらせていることが多く、それだけでは十分に語られていないことが多いのです。そこで、これらの用語について詳しく解説していきたいと思います。

後半では「言葉の獲得」について話します。前半後半とも「言葉」というキーワードが中心となります。

性の多様性を考える上で、言葉や知識は非常に重要です。皆さんにとって、新たな言葉を知り、新しい解釈を得る機会となればと思っています。

用語の解説の後は、私自身の経験についても話す予定です。

注意点ですが、私が話す内容は全ての当事者を代表するものではありません。私の視点や偏見が含まれているため、当事者たちの経験の一側面として捉えていただければと思います。

それでは、用語の解説、確認っていうところからお話しします。

今日話す用語は以下のものです。「セクシュアリティ」「LGBとT」など、すべてカタカナで表記されています。カタカナアレルギーの方には少々辛いかもしれませんが、なるべくかみ砕いて話をしますので、ゆっくり聞いてください。

●セクシュアリティとは

まず最初に、根本的な話題として「セクシュアリティとは何か」というテーマに触れます。「セクシュアリティ」という言葉の意味は少しずつ変化してきました。元々は生殖に関わる人間の構造に関する意味合いが強かったとされています（私自身も詳細な意味については完全には理解していないため、少し曖昧に述べるにとどめます）。

現代では、人間の性に関する意識や行動の総称、あるいは人間の性のあり方を表す言葉として「セクシュアリティ」が使われています。

これは、私たち一人一人に固有のセクシュアリティがあるということを意味しているといえます。

この中には、大多数に見られる一般的な類型と、ごく少数に見られる類型が存在します。セクシュアリティは四つの要素で説明されています。この図（スライド）を見たことがある方もいらっしゃるかも知れませんが、これは「GenderBread Person（ジェンダーブレッドパーソン）」というイラストです。このイラストは、セクシュアリティ教育に使える素材を提供しているアメリカの団体が作成したものです。

まず、この四つの要素のうちの一つ目は、生物学的な性的特徴に関するものです。これは、生まれた時に割り当てられる性別の基となる部分です。「生物学的な性別」とも表現されていますが、実は生物学的に性別を線引きするというのは簡単にできるものではありません。人間の胎児は元々女性形をしており、そこから性の分化が進む中で、様々な形態が生まれます。ただ、そうした様々な姿形が、生まれた時に男性・女性と割り当てられているわけです。

二つ目は、「性的指向」です。性的指向は、さらに細かく見ていくと、性愛的な指向と恋愛感情的な指向の二つに分けて捉えることができます。これらの指向をひっくるめて「性的指向」と呼びます。性的指向とはつまり、どのような人に感情的に惹かれるか、または性的に惹かれるかといったことを指します。また、どのような人にも惹かれない場合も含まれます。

三つ目の要素は「ジェンダー・アイデンティティ」です。日本語では、これは「性自認」や「性同一性」と説明されています。ジェンダー・アイデンティティは複雑な概念であるため、この後ゆっくり説明していきます。

四つ目の要素は「ジェンダー表現」、または「ジェンダー・エクスプレッション」と呼ばれています。これは、自分の性のあり方が他者（社会）に対して表現される部分です。これには、性役割行動や、日常のしぐさ、社会における男性性や女性性としての振る舞いなどが含まれます。しかし、ジェンダー表現は必ずしも素直に表れるわけではなく、自分の意識にフィルターや抑圧がかかり、素直な自分を完全に表現できないこともあります。ジェンダー表現には、実際には様々な複雑な感情や動きが関わっているのです。

これら四つの要素は、それぞれが独立しているものの、相互に関連しあっていることもあります。これらの組み合わせにより、多種多様なセクシュアリティが一人一人に存在し、これが性の多様性として語られています。この中で特に、性的指向とジェンダー・アイデンティティのいずれかが少数の属性である場合に、性的マイノリティとされています。

●性的指向のマイノリティ

では、性的指向のマイノリティについて説明します。多数の人々は、自分にとっての異性に対して性的・感情的に惹かれる経験をします。しかし、ごく少数の人々はこれに当てはまらない様々な経験をします。一部の人々は同性に惹かれ、またある人々は同性と異性の両方に惹かれることがあります。さらに、恋愛・性愛感情自体はあるものの、しかし他者に対しては感じない人々もいます。こうした性的指向はAsexual（エイセクシュアル、アセクシュアル）と呼ばれています。

このような性的マイノリティは、一般的に人口の約三〜八%を占めると言われています。これは、例えば田中さん、佐藤さん、高橋さん、鈴木さんといった日本の四大苗字の人口を合わせた程度の数に匹敵します。ここにいる皆さんにも、友だちや知り合いに高橋さん、鈴木さんがいるという方もいらっしゃると思います。つまり、性的マイノリティの人々は、私たちの周りに共に暮らしているといえます。自分の周りにはいないという人は、周りにいないのではなく当事者がカムアウトしていない、自ら当事者であると明かしていないだけで、実際には私たちと共に暮らしている状態にあるのです。

こうした様々な性的指向にはそれぞれ名称があります。よく耳にするLGBTの中のLGBは、レズビアン、ゲイ、バイセクシュアル、すなわち同性愛者や両性愛者を指します。他にも多くの名称がありますが、ここではそれらは割愛します。

●ジェンダー・アイデンティティのマイノリティ

次は、ジェンダー・アイデンティティのマイノリティについてです。こちらは特に理解されにくい属性です。多くの人は生まれた時に外性器を確認して「男の子ですね」「女の子ですね」と性別が判定され、戸籍上にその性別で登録されます。そして、その性別に従って育てられ、小学校、中学校に入れば「あなたは男の子ですね」「男の子はこちら」「女の子はこちら」と社会的にも区別されます。多くの人がこうして割り当てられた性別と同じ性別集団側に属して問題なく生きていけます。

しかし、一部の人々は、この割り当てられた性別と自分の感覚が合わないため、割り当てられた性別集団側で生きることに困難を伴ってしまいます。こうした人がジェンダー・アイデンティティのマイノリティであり、トランスジェンダーと呼ばれています。これまでの調査では、トランスジェンダーの人口は全体の約〇・七%未満とされており、例えば二〇一九年の大阪市の調査でも同等の数値が出ています。

このトランスジェンダーの中には「トランス男性」、「トランス女性」や、「ノンバイナリー」「Xジェンダー」「クエスチョニング」といった様々な属性があります。

●トランスジェンダーとは

「トランスジェンダー」について詳しく見ていきたいと思います。一般的に、トランスジェンダーは「心と体の性が異なる人」とざっくりと説明されることが多いです。より正確には、「出生時に割り当てられた性別とは異なる性自認を持つ人々」や、「出生時に割り当てられた性別とは異なる性別で生きる人々」と説明されています。

つまり、「トランスジェンダー」とは、生まれた時に割り当てられた性別や、その性別に基づいて期待される社会的な性別規範に非順応的な性別のあり方を持つ人々やグループを説明するための言葉なのです。

さて、先程から「説明する」という言葉を繰り返していますけれど、「トランスジェンダー」という言葉は名詞ではなく形容詞なのです。形容詞とは、例えば「リンゴ」で説明すれば「赤い」、「緑の」、「甘い」といった言葉を指します。これらはリンゴの属性や特徴を説明するために使われます。同様に、「トランスジェンダー」という言葉も、ある人が特定の状態や属性であることを説明するために使われる形容詞なのです。

重要なことは、トランスジェンダーという言葉は、その人々の特定の状態や属性を説明するものであり、トランスジェンダーという固有の「生き物」が存在するわけではないということです。このように捉えることは、トランスジェンダーの人々について理解を深めるのに役立ちます。

トランスジェンダーという言葉には、様々な人々やグループが包括されています。それらは周囲の性別集団に対する帰属意識に基づいて分類することができます。例えば、「生まれたときに割り当てられた性別側に自分が属していると全く思えない。この性別集団の人たちと自分が同じ性別とは思えない。だけど割り当てられなかった側の性別集団に自分は帰属している、その一員である、あっち側に自分がいる」という感覚がある場合、「トランス男性」や「トランス女性」と言う言葉で説明されます。

また、「自分は男性として割り当てられているものの、どうしても自分を男性と思えない、男性という性別集団には帰属意識を持てない。かといって女性になりたい、女性集団の一員になりたいというわけでもない。結局、どっちにも帰属できない」といった場合、自分をどちらの性別にも位置づけることができない状態になります。このような場合、その人々は「ノンバイナリー」、「Xジェンダー」、「クエスチョニング」といった言葉のいずれかを使って説明されています。

しかし、世間での「トランスジェンダー」という言葉は、殆どの場合トランス男性、トランス女性のみを指して使われることが非常に多いです。

●トランス男性、トランス女性

トランス男性とは、「生まれたときに女性として割り当てられたけど、女性としてのアイデンティティを持てない、女性側に帰属している感覚が持てない、むしろ自分は男性側に属している、帰属している」と、自分を男性としてアイデンティファイしている、そして男性として生きている、男性として生きたい・扱われたいと望むという人々のことを指します。

トランス女性はその逆で、「生まれたときに男性として割り当てられたけれど、自分はどうしても男性側の一員としての帰属感覚を持てない、周りの男子と同じ側の人間と思えない、むしろ女子の中にいると、自分はそこに帰属している、同じ側の人間だと感じる」と、女性としてアイデンティファイして、女性として生きること・扱われることを望む、あるいは女性として生きている人を指します。

世間での「トランスジェンダー」という言葉は、このように包括的ではない言葉として使われている点を理解しておく必要があるでしょう。

●「心の性別」という言い方について

また、日本でよく目にする説明なのですが、「心と体の性が異なる人」、「心の性」、「心が男とか心が女」という説明の仕方が巷にあふれています。けれども、そもそも心というのは非常に抽象的な、漠然とした概念です。そうしたものに対して性別を決定できるのか？　と考えると、やはり無理があるのですよね。ですので、帰属感覚を用いて説明する方が、はるかに明確に理解できるのではないでしょうか。

同様に、「体の性」という言葉についても考え直す必要があります。例えば、中学・高校で性染色体がＸＹは男性で、ＸＸは女性として習います。しかし、実際にはＸＹの性染色体を持つ女性も存在します。

つまり、性染色体の形だけでは男性と女性を一様に分けることはできません。

また、外性器が未発達な状態で生まれてくることもあります。このようなケースでは外性器の形からは性別を簡単には判定できない、線引きできないわけです。

こうした例は「性分化疾患」として解明されており、様々な知見が蓄積され、ほぼ正確にこうした子の性別を判定することができるようになっています。けれども「体の性」という言葉を使って言ってしまうなら、容易に男女を線引きすることはできないという問題がでてくるのです。

さらに、トランスジェンダーの人々は自分の体を変えていく人もいます。具体的には、後天的に性ホルモンを自分の体に投与することで第二次性徴をもう一回起こし、自分の体の性的特徴を変えていく人もいるわけです。このような場合でも、体の性が異なるという表現は必ずしも成立しません。

したがって、「トランスジェンダーは心と体の性が異なる人」というのは、その在り方を明確に語っているようでありながら、実際には十分な説明になっていないのです。

「心の性別」という表現にはさらに多くの問題があります。たとえば「ピンクが好きだから心が女性だ」、「鉄道や車が好きだから心が男性だ」というように、マジョリティが理解可能なジェンダー規範や、ステレオタイプの偏見でもって心の性別として勝手に意味づけてしまうようなことが起きてきます。しかし、これらは多くの場合、実際の当事者の経験や感覚とは乖離しているのです。

例えば、女性として自己アイデンティファイしている人が必ずしも赤いランドセルを選ぶとは限りません。黒いランドセルを選ぶこともあるのです。

つまり、世間で意味づけられている女性性や男性性といった観念に基づいて心の性別を測ることはできないのです。そうしたことによって、当事者の複雑な経験や感覚が無いものにされてしまいます。あげくの果てに、よくあるのですが「心が女性なら普通そんなことはしないはずだ」という形で、当事者の在り方をジャッジする人も出てくるのですね。

しかし、当事者はそういった単純な枠組みには収まらないのです。このような誤解や偏見は、特にTwitter（現X）などのソーシャルメディアでもよく見られます。

私たち一人一人が持つ様々な要素は、社会によって「男性らしい」、「女性らしい」といった意味で解釈されます。このような解釈は時代や文化によって変わるものですが、これらの要素はどのように意味づけられようがされまいが、誰もが持っているものです。ただ、それらの要素ごとの強弱や持ち合わせ方が異なるだけであり、それに基づいて心の性別を決めることはできません。

例えば、サラダの取り分けのような行為は、しばしば女性性として見られがちです。飲み会などで「私が取り分けるから」と言ってサラダを取り分けて配ると、しばしば「女子力が高いね」と言われたりすることがあります。しかし、これは女子力の問題ではなく、単に気配りができる人に過ぎません。男性であっても、サラダが自分の前に来たら「じゃ、自分がやります」と言って行う人もいるわけです。

こうした行動でもって心の性別を判定する材料にすることはできません。

しかし、ジェンダー・アイデンティティが一般的に理解されにくいため、「男性らしい」「女性らしい」といった意味づけを基にわかりやすい形で理解しようとして、結果的に当事者の在り方がゆがめられていくということがよく起こっています。

このように「心の性別」という言い方はあまりよろしくないということだけ、ここで伝えておきたいなと思います。

●ジェンダー・アイデンティティについて

次に、「ジェンダー・アイデンティティ」と「エクスペリエンスド・ジェンダー」という言葉をみていきます。

これらも重要な概念です。日本語において「アイデンティティ」という言葉には明確な直訳が存在しておらず、しばしば「同一性」と訳されます。なのでジェンダー・アイデンティティは「性同一性」あるいは「性自認」というを言葉を使ったりします。一般的には先述の「心の性」という曖昧な言葉で説明され続けていますが、専門家の間ではこの「心の性」という表現は基本的に使われません。

また、この「ジェンダー・アイデンティティ」という言葉は、トランスジェンダーや性的マイノリティの文脈で使われることが多いので、性的マイノリティに関する言葉だと思われがちですけど、これは全ての人が持っているものです。

ただ多くの人はこれをいちいち表明したり、語る必要がないっていうだけです。

「ジェンダー・アイデンティティ」がこれまでどういうふうに説明されてきたのか、いくつかの代表的なものがありますので、紹介します。

もともとこのアイデンティティという概念はドイツの精神分析家エリク・H・エリクソンによって作り出されたもので、谷冬彦先生によって説明されています。エリクソンは、この概念を「斉一性・連続性を持った主観的な自分自身が、周りから見られている社会的な自分の性別と一致する感覚」と説明しています。他に、ストーラーやマネーによる定義もありますが今回は割愛します。それらに共通するポイントは「斉一性」と「連続性」です。

これは、場所や状況が変わっても一貫して同じ自分であるという感覚や、現在、過去、未来を通じて連続して同じ自分であるという感覚を指します。例えば、学校に行ったらそこでは普段と全然違う性別で扱われるとなると、場所ごとの自己の斉一性が失われ、自己の同一性が損なわれることになります。

また、年を経る毎に成長・変化していく部分が沢山あります。体も大きくなったり、自分の内面も一生にかけて変化していきます。だけど、どれだけ変化しようが同じ自分である、これが同じ自分だという感覚を持ち続けているわけです。つまり、連続性が安定しているのです。こうした安定した斉一性・連続性によって私たちは自分のアイデンティティを確立していきます。

そのようにして、「自分はこういう人間である」というふうに言えることが、ジェンダー・アイデンティティの確立ということなのですね。

なので、性的マイノリティ、特にトランスジェンダーとして説明される人々の場合には、「生まれたときに割り当てられた性別はこれだけど、自分が安定している性別というのはこっちである」というふうに確立しているところがジェンダー・アイデンティティになってきます。

●ジェンダー・アイデンティティを確立する過程

このジェンダー・アイデンティティを確立する過程において出てくる言葉が、「エクスペリエンスド・ジェンダー」です。

幼少期から、自分自身がどちらかの性別集団に帰属する感覚を持っています。トランス女性の場合は、自分は男の子として割り当てられているけれど、女子と一緒にいて一緒にままごとをして、一緒に時間を過ごすことが心理的に安定する。テレビや本を見ても、例えばセーラームーンに自分を同化させるように、物語の主人公の性別が女性なら女性側に自分を同化させている、将来的にも自分はこういう姿になりたいといった想いを体験しています。こういったものが、自分が内的に、心理的に体験する性別となります。

これを「エクスペリエンスド・ジェンダー」と言っています。

●性別違和

こうした帰属感覚に基づいて同調行動や性役割行動をとるようになります。だけど、こうした行動をしたときに、多くの場合に周りから否定されたり望まぬ扱いを受けたり、いじめられたりします。あるいは禁止される、矯正されるということを経験していくのです。

単に〝ただ自分である〟という行動をするだけで、それは自分の素直な表現であるだけなのに、全て否定されてしまう。本人にとってはなぜ否定されるのか訳が分からないのです。本人からしてみれば、単に自分でしかないわけですから。

自分が感ずるままに行動したものが全て否定されたり、矯正されたり、いじめられるっていうことを経験することで、自分はおかしいんだ、自分は一体何なんだということで混乱していきます。

つまり斉一性がここで奪われているのです。そして自己肯定感が育めません。

こうした経験が「性別違和」という言葉で語られていくのです。

です。

●身体違和

もう一つ「身体違和」についてです。多くの場合、身体違和が顕在化するのが第二次性徴期なの

当事者の多くは幼少期から身体違和に準ずる形のものを持っていたりしますけれども、もうちょっとファンタジックなものとして現れています。

たとえば、「大人になったら、おちんちんがとれる」、「おちんちんが生えてくる」など、そういう形ですね。しかし第二次性徴期になると実際に自分の体が変化していきます。

そこで、望まぬ形に変化していくということを経験するのです。

何がおきるかというと、たとえばトランス男性の場合、小学校を通して男子の中に入って一緒に走り回っていて、自分は男子と同じ側の人間だというふうに、そこである程度の妥協を含めつつ安定した生活ができていた。けれども、第二次性徴期になると、その男子たちの中で自分だけ生理が始まる、自分だけ胸が出てくるとか、一人だけ違う姿に変化していくのですよね。

あるいは、トランス女性の場合、女子の中で自分だけ髭が生えてくるとか、自分だけ声変わりしていく、自分だけ体が大きくなる。そうすると、過去から現在、未来にわたる自分の在り方っていうものが、第二次性徴によって分断され、安定していた生活が崩れていってしまうわけです。

そのようにして望まぬ変化を起こしていく身体に対する拒絶感、恐怖感、葛藤が、自分の身体に対する「身体違和」として言語化されていくのです。

●ジェンダー・アイデンティティの確立

しかし、こうした「斉一性・連続性」が混乱したり、分断されていくって中を経験しながらも、毎日の生活は続いているわけです。

だからなんとかその自分の状態を自分自身で自己受容しなきゃいけない。受け入れていかなきゃいけない。受け入れられない人ももちろんいますけども、だけど、そこで何とかそれを乗り越えるために、それぞれにいろいろともがいていくわけですね。

生まれたときに割り当てられた性別で生きてみようとしてみるとか、あるいは自分と似たような境遇を持つ人を探して相談する、あるいはメディアでロールモデルを見つけたら、その人に憧れて真似してみるとか、そういうことをしながら自分を保とうとしていくのですけども、やっぱりそうやって無理していては生きていけない状態に追い込まれていく場合があるのです。

割り当てられた性別で生きていけたら、それはそれでいいのですけど、やっぱりそれではストレスがかかってきます。やがて自分を社会に位置づけられない、自分の人生をその先に描けない、思い描けないってなってくると、自分が内的に体験している性別（エクスペリエンスド・ジェンダー）に従って、自分自身を生きていきたい、自分はやっぱりこっち側だ、だからこのように生きていくというふうにして、自分を確立していく。そうやって確立していくのがジェンダー・アイデンティティなのです。

これまでお話ししたケースは、トランス男性、トランス女性のケースです。ですので帰属先の性別集団が明確なので、「自分は男性として割り当てられたけど女性として生きていく」といった、明確に移行していく先があるのですけども、ここでもう一つ、苦しい思いをしてしまう「ノンバイナリー」や「Xジェンダー」という言葉で説明される人たちについてお話しします。

●性別二元論では自身を捉えられない人たち

この「Xジェンダー」という言葉は、日本では二〇〇〇年代初頭ぐらいから出てきた言葉です。「ノンバイナリー」というのはアメリカ、英語圏から出てきた言葉です。

私たちの社会は「男・女」という性別二元論の中で営まれ、デザインされているわけですが、その男女というふたつの性別のどっちにも属せない、帰属できない、どっちの性別も経験もしていない、だから自分を男女のどちらにも位置づけられないという人たちがいます。Xジェンダーやノンバイナリーといった言葉はそういった心理的体験をしている人が自身を説明する言葉です。

そうしたケースでは、自分自身のロールモデルも見えなくなってきますし、自分自身を社会の中に、あるいは人間関係の中に位置づけられないといった苦しさが出てきたりします。

そうした葛藤をしているときに、「ノンバイナリー」や「Xジェンダー」という言葉に出会っていくことで、自分と似たような感覚の人がいるのだなと、自己受容をするきっかけを得ることができるようになります。

そこから、「性別二元論にとらわれない自分」という在り方としてのジェンダー・アイデンティティを確立していくと、「ノンバイナリー」「Xジェンダー」という言葉で自身を説明するようになっていきます。そこでも揺れ動く場合は、「ジェンダーフルイド」という言葉があったりします。あるいは、「どっちかもうわからない。もうわかる必要もない」となったなら、「クエスチョニング」という言葉で自分自身を説明するということもできてくるわけですね。

●様々な言葉・用語がある理由

このような言葉や用語っていうのは、他にもまだまだ沢山あります。世間一般の人からすると「なんでそんなに人をカテゴライズしなあかんの、そんな細かくしなくていいやん」、「もうわけがわからへん」、となることが多いです。

だけど、こうした言葉って誰のためにあるのかとか、何のためにあるのかっていうのを見ていくと、これらは本当に必要であり、重要な意味を持つことがわかってきます。

これらの言葉があることによって、マイノリティは自分の感覚や経験が自分だけのものでなく、他にも同じような人がいることを発見できるのです。用語が存在することで、自分を言語化してゆくための言葉を見つけることができ、また、同じ言葉を使って自己を表現する人々が他にもいることがわかります。

そうすると、そこで初めてお互いに言葉の交換や経験の交換をしていくことができるわけですし、自分の中でまだ言語化できていなかった感覚や葛藤が形を得て、自己理解が深まります。

そして、同様の困難を共有している他の人々とのつながりを通じて、自分の問題が個人的なものだけではなく、社会的な問題であることを認識することもできるのです。

このようにして、これらの問題に対して社会に問題提起をすることが可能になります。

「自分たちみたいな人間が、うまく生きられない社会のシステムになっています」ということを、ようやく言えるようになるわけですね。

なので、こうした、言葉・用語が沢山生まれてくるのですけど、これは本人にとって自分が何者かを知るきっかけになるもの、そして社会の中に自分を位置づけるきっかけになるものとして機能していくものなのです。つまり、自己定義とか自己分節化をするために必要な言葉なのですよね。

なので、こうしたセクシュアルマイノリティを表す、説明する言葉というのは、他人が誰かをジャッジしたりとか、他人が誰かをカテゴライズするための言葉ではないわけです。

悩める当事者が、この言葉を見つけることでようやく自分に光が当たるのです。

●言葉を奪ってはいけない理由

世の中では次のような表現も結構耳にします。

「いつかLGBTって言葉がなくなればいいよね」、「みんな同じ人間でいいじゃん」といった言葉です。マイノリティが周縁化されていることを乗り越えようとする意図で発せられるのですけど、これは非常に危険なのですよね。

なぜならば、LGBTという言葉がなくなったら、またマイノリティは再び存在しないものとして扱われていくからです。

例えば、セクシュアルマイノリティとは異なりますが、民族の話をすると、日本には東北から北海道にかけてアイヌという先住民がいます。だけど、そのアイヌを（明治政府は）同化政策で日本に同化していきました。そこで「もう日本人でいいじゃん」、「みんな日本人でOK」などと言ってしまうと、そのアイヌの人たちが持っていた文化や言葉は全部日本に植民地化されて奪われてしまうわけです。歴史の中からも奪われて、存在しないものになっていくのです。

それと同じように、セクシュアルマイノリティっていうのは、その言葉があることによって、その存在が担保されているのです。だから、その言葉を奪うということは存在が奪われることであり、ものすごく大きな暴力となります。なので、そうした言葉・用語というのは大切にしなきゃいけないなと私は思っています。

ということで、ここで前半の用語の解説を終えます。ここから後半は私の経験を交えつつ、言葉の獲得について話をしていきたいと思います。

ここまでの用語の説明の中でだいぶ語ってしまったので重複する部分もありますけれど、それも含めて語っていきます。

●わたしの言葉の獲得について

なぜ言葉の獲得について語ることを選んだのかといいますと、世間一般でトランスジェンダーの話題になったとき、トランスが経験する困難としてよく挙げられるものとして、性別欄をどうするか、制服をどうするか、風呂やトイレをどうするなど、こういうものばかり挙げられてしまうのです。

これらは社会との接続面に関することで、勿論これらにも困難を感じる部分はいろいろとあるのですけども、「何が一番困難でしたか?」と聞かれたら、私はやっぱり自分自身を言語化できなかったことに最も困難を感じたのです。

つまり、「トランスジェンダー」「ジェンダー・アイデンティティ」、そういう言葉を知る前は、自分自身が内的に経験している性別を言語化できなかったわけです。

自分は「変態である」、「性の逸脱した人間である」、「こんな人間・こんな自分というのは人として異常なのかな」と、そういうものとしてしか自分を語れませんでした。

そのようにして、自分を男性としても女性としても社会に位置づけられないまま、自分の人生を思い描けないというところにずっといたのです。

ですので、大学を卒業する時には、男社会にも入っていくことができず、就職もできませんでした。

私が大学を出た頃というのは、昭和四二年生まれですので一九九〇年ぐらいなのですけども、私は一浪して留年もしたので、九一年に卒業しました。

この頃にあった言葉は次のようなものなのです。俗語として「Ｍｒ．レディ」、「ニューハーフ」、「女装」、「性転換」、「おかま」など、そういう言葉しかありませんでした。

非規範的なジェンダーを定義する言葉としては、「変態」、「性の倒錯」、「性の逸脱」ですね。

私は中学高校といろいろな葛藤もありながら、なんとかのらりくらりと生きてきましたが、ただ大学に入ってから、自分の「人に言えない自分の秘密」とでもいうのかな、自身の内面の葛藤を語る言葉を探したわけです。

そのときに出会ったのが、澁澤龍彦やフランス幻想文学系の本でした。「性」という言葉から、そういう方面へと結びついていったのです。

そこで発見したのは、「性の倒錯」「逸脱」です。これらの言葉の背景には、何かを正常とし、何かを異常とする価値観が存在していました。

また、当時はニューハーフの人たちもテレビに沢山出るようになっていました。ニューハーフとは何なのかというと、これは端的には職業のことです。どういうことで成り立っている職業かというと、いわゆる女性ジェンダーを表現する「女性より女性らしい」という存在を作り上げて、「でも実は男性です」というギミックで成り立つものです。

なので、いじられキャラだったりとか、そういう部類にも位置づけられていました。

ですから、自分はそういうふうになりたいわけじゃない。それじゃないと思っていました。

他にも「女装」という言葉もあります。

これは男性が女性の服を着る、女装するということで、なんていうのかな…そこに楽しみを見出すとか、そういうものなのですけど、私はそういうこともできませんでした。

というのも、小学生の頃から、女子と同じ格好がしたいとか、みんなかわいい恰好しているから自分も同じような服を着たいといった願望はもちろんあったのですが、第二次性徴期を迎えると、自分がそうした格好をすると余計に男性っぽさが全身から発せられるわけです。一番見たくない自分が最も強調されるのですね。

なので、こういった女装のような姿というのはまったくできなかったのです。

むしろ、したくなかった。自分がその姿をしたときに発せられる自分の男性的な部分っていうのを、やはり受け入れられませんでした。

ですので、私はこういった言葉の中には自分の在り方を見出せなかったわけです。

そういった葛藤と共に二〇代を過ごしていました。

●幼少期からの体験

ちょっと時代背景が前後しますけど、性的マイノリティっていうのは、幼少期から、自分の在り方、セクシュアリティを否定される経験を、多くの当事者がしています。否定されて、矯正されて、禁止される、いじめられるということを経験するから、この自分というのは〝イケナイ人間〟だというのを学習していきます。

そうすると、そうした経験は自分を抑圧するほうに働いてしまい、素直な表現として自分を出せなくなる。この自分は出してはいけないものだというふうにして、自分にふたをしていく。そうやって、内なる自分という形で閉じ込めていってしまうのです。

さらに、たとえばテレビに性的マイノリティの人が出ていたら、家族がその人を嘲笑っていたり、バカにしていたり、あるいは身近にある話の中でもバカにするような話や、「おまえもこっち系かよ」といった言葉を使って揶揄するなど、そういうのを目撃します。

自分に直接向けられる言葉ではなくても、内なる自分を表に出したら、そうやって誰かが誰かに向かって言っている言葉が自分にも向かってくる、自分もそういう扱いを受けるっていうことを学習していくわけです。

だからどんどんどんどん自分を抑圧していくのですよね。

しかし、自分の葛藤を言語化することは依然できないまま、自分は何か他の子とは違う、おかしいなっていう形で、ずっと自分をつかめないまま生きているのです。

思春期頃からは多くの人が「自分は何者なんだろう」、「自分は何ができる人間なんだろう」という葛藤を経験しますが、性的マイノリティの場合はそれらに加えて自分の性別というものに関することも上積みされていきます。

そして悩むけれど、しかし自分を言語化することができずに苦しむのです。

なぜならば、特にトランスジェンダーの場合は、社会の九九・三%以上がトランスジェンダーでない人たちです。世の中に流通している言葉は、トランスジェンダーでない人たちの言葉や経験や物語なのです。

自分が今感じている葛藤とか、自分が内的に経験する性別のこととか、それらを語ってくれる言葉が世の中には見つからないのです。

そういう暗闇の中で、自分は何なのかを語れる言葉をずっと探し彷徨っていたのです。

幼少期や小学生・中学生の頃は、抽象的な感覚を言語化する能力が未熟です。だから、もうどうしようもない中で、「自分はおかしい」とか、あるいは自分を道化師のように振る舞うことで自己防衛する、そういった形でしか生きられませんでした。

そして、なんとかして自分の経験をそっと語ってみても、マイノリティではなく、トランスジェンダーでもない人たちの経験や言葉で、自分の経験を上書きされて奪われていく。

「そういうことはよくあることだから、大人になったら治るよ」と、そのように語られてしまいます。

自分が切実に感じているものっていうのは、そこでは絶対に語られることはないのです。

こういったズレをずっと経験することで、自分の居場所や心の在り処、それらがどんどん奪われていくということを経験していくのです。

●ノーマティビティー

「ノーマティビティー」という言葉があります。これは、何を人間の「正常」と見なすかという社会の価値観・規範を指します。多数派、つまりマジョリティは、恋愛対象が異性であることやシスジェンダー（トランスジェンダーでない人々）であることを「正常」と見なします。シスジェンダーとは、生まれた時に割り当てられた性別と同じ性別の集団に属して生きていける人々のことです。「これが正常である」という価値観があると、この規範が根強い場所では、それ以外の人は異常として扱われるわけです。

そして、自分自身もその影響を受けて、「自分は異常なんだ」と意味づけたり、社会に位置づけたりしてしまいます。この「異常な自分」っていうのをどんどん抑圧していき、自分は嫌われたくないとか、この自分の本心はバレたくないといったところでも葛藤し、そこでもうまく言語化ができなくて、正確に言葉で表現ができないままに取り繕った自分という状態になっていきます。

私もそのような状態のなか、中学、高校のときに、生まれたときに割り当てられた性別で生きようとしました。男子として生きようとしたのですね。卒業アルバムにも「立派な男になります」って書いたのです。

だけど、やっぱり大学に入ってから、そうやって生きられないのです。

どうしてもいろいろなところで無理が生じてくるのです。

そこで自己探求して発見した言葉が、さっきも言いましたけど、「性の倒錯」でした。

だから、この自分っていうのが出来損ないの人間だっていう、そういうネガティブな思考がもうずっと自分の中に渦巻いていて、二〇代で、私はもう男社会に入っていけないなと、男社会の中で男性として扱われるのが耐えられないと悟りました。かといって、じゃあ今の体の状態で、自分のこの外見で、それで女性として生きることができるのかっていうと、やはり生きられません。社会的にも、全くそういう理解がない社会の中で、もう生きる道がないわけです。

だから、どうしたらいいか、どう生きたらいいかまったくわからなくて、就職もせずにすごし、親にも「就職しない」「結婚しない」という言葉しか言えませんでした。その二言しか言葉を持ちえていなかったからです。

それで、アルバイトをしながら淡々と生き急いでいました。

いつか死のうと思ってずっと自虐的に生きていたのです。

●二〇代

二〇代は、髪の毛だけ、後ろ腰まで伸ばしていました。

衣服も、あからさまに女性の服は着れないけど、ただジーンズやカットソーといった中性的なところで着られる部分だけはレディースを着ていたのです。

ただし、やっぱりそうしたところから自分の内側にある感覚とか、自分の本心というか、それが周りに知れわたる、漏れ出ることは嫌だったから、髪の毛を伸ばしていても髭も伸ばすなどしてカモフラージュしたりしているわけです。

音楽もこの時やっていたのですけど、結局、音楽も社会から逃げるためにやっていたというのが、のちのちわかってきます。

こうやって二〇代をずっと生きていました。

自分の恋愛対象も実は私もよくわかっていませんでしたので、誰とも付き合ったことがないままずっと生きていました。

●「性同一性障害」との出会い

そして三〇代に入り、二〇〇三年なのですが、「性同一性障害特例法」という戸籍上の性別を変更できる法律が成立しました。私はそのニュースを二〇〇三年の夏にネットでたまたま見て、「性同一性障害」という言葉と初めて出会ったのです。そして興味を持って毎晩検索して調べました。調べていると、自分と似たような葛藤で生きている人が沢山いるということが分かりました。

つまり、言葉を発見し、その言葉の向こう側に自分と似たような人がいることを発見して、「自分」というものに〝輪郭〟を与えることができたのです。そうやって、初めて自分を社会の中に位置づけるきっかけが得られました。私の中ではもうどう生きたらいいのかわからないという状態から、「こう生きたらいいんだよ」というロールモデルをそこで発見したのです。

そして、その人たちのように生きるためにはどうしたらいいのかな？　…と、とりあえず病院に行こうと思って病院を探して、「もうこのままでは生きていけないので、こうやって生きていきたいです」という話を主治医にして、「性別移行」をおこなっていったのです。

ホルモン治療を受け、名前を変更し、周りとの人間関係を再構築していく。父親や母親との関係を再構築していくということをして、ようやく自分を人生に位置づけることができて、自分の将来というものを思い描くことができるようになってきたのですね。

そうやって今があるわけです。

私のこうした人生は、言葉の発見というところから、ようやく動き出しました。自分に輪郭を与えて、自分が葛藤しているのは何なのか、それをどうやったら解消できるのかというのは、言葉を知ることからいろいろなことを学ぶことができたのですね。

●音楽

先程少し触れましたが、音楽をやっていたのですけれども、一九九六、七年ぐらいに実はコンテストでグランプリをいただいて、世に出るというような話になったのです。けれど、そこで自分が表現者としての立場に立たされたときに、自分がやってきた音楽というのが、小手先で社会から逃げるためにやっていたのだなというのが見えてきてしまったのです。

自分が表現したいものがその先にはなかった。だから音楽が書けなくなってしまいました。

それで一度音楽をやめて、どうしようもなくなっていました。

だけどこうやって自分（が生きる姿）をつかみ取って、ようやく人生に自分自身を位置づけることができるようになったときに、音楽も素直にできるようになってきて、活動を再開しました。再開して、ちょっとずつ活動を広げていく中で、いろいろな人と繋がり、知り合いが沢山できました。そして、大学で音楽を教えませんかという話が来て、ようやく社会的な立場を得ることができ、いま教員をしているわけです。

このようなマイノリティの経験や言葉というのは、先程も言いましたけど、世の中の九九・三％以上のマジョリティの人による経験や言葉とはちょっと違うのですね。

マイノリティ側で生きているってことは、その〇・七％以下の人の言葉を探さなきゃいけない。今ではインターネットがあったり、TwitterやSNSがあって、ある程度アクセスするのは容易にはなっていますけども、それでもマイノリティの人に対して、マジョリティにとって言葉っていうのはなかなか手に入らなかったりする。そこでマイノリティの経験で「それは子どもの時にはよくあるし」、「うち子も昔はそうだったから」などと言葉を上書きされたり、奪われていくと、当事者の経験も奪われていってしまうのです。

●自己受容について

さて、最後に、自己受容について話したいと思います。

よく「生まれ変わるとしたらどうなりたいか」という質問を受けます。マイノリティの立場としては「次こそ女性で生まれたい」とか「性別違和がなければどちらでも良い」という回答が模範的なのですが、私は今の自分で再び生まれてもいいと思っています。

これは自己受容ができている状態なのですよね。

もう一つ、よくある質問があります。「あなたの持っている性別違和や、そういう感覚っていうものを今すっきり解消できるとしたら、あなたはそれを選択しますか？」というものです。

私はこれも「ＮＯ」なのですよね。

今のままでいいと思っています。

つまり、今こうして喋っている自分っていうのは、これまで経験してきた人生模様の中で築いてきた自分です。その、自分の要素の一つとして、性別違和があることや、性別を変えて生きてきたという経験があります。それらが無くなったなら、今ここにいる自分というのは、この世から消滅してしまうのですよね。

その「今ここにいるこの自分」ということを考えたら、そうした質問に自己否定的な回答をするのはちょっと違うなと思います。

自分っていう人間が今こうやって生きていられる、こうやっていろいろな人と出会えている、それもすべて自分の持って生まれた境遇が導いてくれたんだなと思うと、自分を受容できるようになりました。今のままでも全然いいし、結構幸せだなとも思えるようになったのですね。

●最後に

話の内容がどこに飛んでいるのかわからなくなってきましたね。最後になりますが、学生の中にもいろいろと悩んでいる方もいらっしゃると思います。

自分の未来は現時点の自分が想像可能な範囲のなかにあるのではなく、その想像の外側のほうにいろいろな可能性が開けているのだということを、ちょっとだけ頭の片隅に置いて、生きていただいたらいいかなと思います。

ということで、あんまり話のオチもないまま、自分の経験を淡々とお話ししましたけど、この辺で終わっておきたいと思います。

ご清聴ありがとうございました。

（第36回花園大学人権週間・二〇二二年十二月八日）

ワークショップ：新聞読み比べ
よりよい民主主義社会のために

中　善則

●はじめに——よりよい民主主義社会の発展のために

こんばんは。遅い時間に本当にありがとうございます。職場から駆けつけてくださった方、また、学生の方、勤務や授業でお疲れのことと思いますけど、よろしくお願いします。

私は、文学部、教職課程に所属しています。社会科を中心に授業づくりやシティズンシップ教育の研究をしています。シティズンシップ教育研究としまして、主権者を育てる方法、つまり、この社会の課題を感じて考え、よりよい社会を目指して活動し、次の世代へバトンタッチをしていく、そういう主権者を育てていく方法を考えています。

本日は、参加者の皆さまと、「よりよい民主主義社会のために」と題して、私たち市民がこれからの社会をどんなふうによりよくしていくのか、そして、そのための新聞の役割とあり方について考えていきたいと思っています。

「今朝、失敗した！」という方はいらっしゃいませんか？　何のことかわかりますか？　詳しく言いますと、今朝、郵便ポストに新聞朝刊を取りに行って、「あ、休刊日だった」って思いをされた方いませんか、ということです。今日は、月一回の新聞休刊日なのでした。私は、自慢できることではないですけど、毎月必ずやってしまうのです。新聞が大好きで、新聞が日常生活の中で、なくてはならないものになってしまっているのですね。

今回の例会では、異例だそうですが、実際の新聞を読んでいただき、新聞の素敵なところ、あるいは疑問点など、新聞について、皆さんとワイワイ議論をするワークショップ形式で行ってみたいと思います。新聞を題材に対話するということが、市民社会においてとっても大切な活動だと思っているからです。

さて、今回、人権教育研究センターに二紙（毎日新聞・読売新聞）、用意していただきました。京都新聞という地元紙も魅力的なのですが、今回は、全国紙というタイプに絞って、比較読みなどもしていただこうと考えています。

本日の新聞は、どんなことが載っているのかハラハラドキドキですね。皆さんが感動したり、考えさせられたりするような素敵な記事があれば、今日の例会は大成功です。しかし、このワークシヨップを開催するにあたって、そんな記事が当日の新聞に掲載されているのかどうか、不安もありました。でも、「最新」の新聞っていうことがキーポイントになります。この点は、中学校教員時代から重視していました。やっぱり、当日の話題が読者にとって、もっともインパクトがあるわけですから。

それで、本日も最新の記事で勝負したいなという思いで、当日の新聞購入をお願いしたところです。ところが、残念ながら、本日は休刊日でしたので、昨日（二〇二三年五月一五日）の新聞を読むということになります。今日はこの新聞を使って話しあいたいなと思います。

人権教育研究センターでの催しに参加された皆さまですので、人権に関する記事が目に入ってくることかと思います。不思議なもので、いくら扱いが小さくとも、各人それぞれ関心のある話題に関する記事が目につくものなんですよね。どの記事を人権に関わるものとするかは、皆さまそれぞれで。皆さまの気づきとその意見交流をとても楽しみにしております。

●0　アイスブレイク――新聞が消えた社会

では、早速ですけれど、本日のプログラムを進めていきます。まず、一問、クイズを用意しました。これは、ある日の新聞記事の写真（二〇二一年六月二四日　朝日新聞夕刊）です。何の写真でしょうか？約二年前の出来事になるのですけど、想像してみてください。

いかがでしょうか？　ヒントは「夕刊」です。夕刊といえば、いつ頃の時間帯の出来事になるでしょうか？　わかった班ありますか？　これは、夜中の二時くらいに撮られた写真です。どんなニュースだと思いますか？

班1：日本じゃないような気がします。

中：日本ではないですよね。

班1：台湾？

中：台湾でしょうか？　漢字圏の場所ですよね。

中：奥のグループどうですか？

班4：何かを待っている。何かの発売を待っている。

中：発売を待っている行列だと。で、どこでしょう？

班4：なんか香港っぽいなと。

中：香港？　台湾、香港と出てきました。東アジアのようですかね。

実は、この写真の場所は香港なのです。香港で、夜中の二時に、何らかの発売を待って大行列をしている写真です。では、どういう場面かというと、この日は、香港で一九九五年創刊の「リンゴ日報」という民主系の新聞紙の最終発刊日だったのです。香港の人たちは、夜中の二時から、その最終号を買うために並んでいたという訳でした。この最終号は、通常八万部発行のところ、一〇〇万部に増刷、完売したそうです。

もう一枚の写真は、最終号ができた時のスタッフ間の記念写真になります。文字通り、命がけで新聞を発行し続けてきた方々のこの時の気持ちは、想像しきれないのですが、胸に迫るものがあります。また、そんな中、一般市民は列をなして、その発売を待っていたということです。日本で新聞が発行停止になることなんてあってはならないですが、同じように大行列になるでしょうか？

再び、写真を見てみると、香港の行列では、若い人も多いですよね。ところで、最近、香港関連のニュース、目にしますか？　当時はよくデモの様子や市民活動家のインタビューの報道がたくさんありました。私たちも香港発のニュースに触れ、影ながら声援を送っていた訳ですけれど。近頃は、香港の情勢がどうなっているのかの関心が薄れたまま過ごしてしまっているのが実状です。

香港から市民の声を伝えるメディアが消滅してしまって、私たちのところに情報が届かなくなっている。今、香港で何が起きているのか、わかりづらい状況になっているのです。ですから、新聞がなくなった社会はどういうことになるのか。情報を得る手段（メディア）が失われた社会では、どんなことになるのかっていうことも今日は考えあいたいなと思います。

●1　ワークショップ――新聞読み比べ

では、今から二五分間、集中して、新聞を読んでみましょう。約一五〇年かけて築き上げてきた新聞という「文化」を感じてみましょう。まずは、どうか楽しんでください。読みたいと感じた記事を、自由に読んでください。そして、皆さまと四つのワークを行います。その内容をお伝えしておきます。

まず、一つ目は、最も気になった記事、写真を選んでください。どんな分野でも構いません。面白かった、興味をもった、逆に、はらわたが煮え返るぐらい怒りを感じた、あるいは、とても心がポカポカした記事だとか、どんなものでもいいですので、新聞をご覧になって、最も気になった記事や写真を選んでください。

二つ目、人権教育研究センター例会ですから、人権問題に関する注目記事をぜひ探してください。

三つ目、特に、人権に関わる記事が進行側としてはありがたいですが、気になった記事をもう一社別の新聞社の紙面と見比べてほしいのです。結局、その話題は掲載されていないかもしれません。それもひとつの発見です。全く違う論調かもしれません。普段、二紙を比べる機会はなかなかありませんから、今日は、ぜひ、「比較」の面白さも経験してみましょう。

四つ目、新聞を読んだ後で、「新聞」そのものに関して感じたこと、話しあいたいことを出しあってみましょう。着目した記事、新聞の魅力、可能性、不満、疑問、質問等、どのようなことでも構いませんので、お互いに、新聞（記事）についてどのような考えを持ったのか、話しあいませんか。新聞を介して、私たちのなかでどのようなコミュニケーションが生まれ、明日の社会作りに向かって、時間を共に過ごせるのか、一緒に体験してみたいと思います。

方法としましては、黄色と赤色の付箋を使用します。黄色の付箋は、何か面白いなとか、よかったなとか、ものすごいプラスというか、前向きな方向で注目した記事に貼り付けてください。逆に、どっちかというとマイナスの印象、何かに怒ったり、新聞に対して疑問を持ったりした場合は、赤色の付箋を。新聞を読んだ後での付箋の貼り具合を互いに共有するのは、楽しいですよ。気軽に付箋をはりながら、新聞を読みましょうか。

イメージ的に、いい記事やなって思ったら黄色。なぜこのような内容を取り上げるのかと首をかしげたり、書き方や論調に対して、疑問等を感じたら赤色にしてみてください。では、二五分間、前後の人と喋りながらでもいいです。さあ、しばし、新聞に浸りましょう。ぜひ付箋をぺたぺた貼ってもらって、後でどこに貼ったか話しあいましょう。

（各自新聞を読む　二五分間）

二五分間集中して読んでいただき、ありがとうございました。隅から隅まで紙面を読んでみると、新聞驚くべしでしょ。昨日に起きたニュースが書かれているのは当然として、それ以外に、例えば、天気予報だけじゃなく、月の満ち欠けまで載っていますね。あるいは人生相談のコーナーがあれば、川柳のコーナーもあり、囲碁将棋までも。本当に多種多様、人間世界にある様々なことが掲載されていて、それでいて不思議なもので、何か関心のあるものが目に入るわけです。面白いものですよね。人によって、読み飛ばしてしまうところも違ってくるわけです。かといって、全然興味のない話題がふと目に入って、なんとなく読んでしまうこともあるという。不思議な読み物が新聞です。

皆さまの貼られた付箋を見てみると、赤色がたくさん貼られているのが見えました。なかなか赤色をつけるというのは難しいことなんです。だって、自分なりに読まないと赤色をつけられませんから。赤色をつけている人が多いのは、司会者として非常に嬉しい悲鳴です。どんなところにつけたのか、皆さまのすべての箇所を、ぜひ知りたいところです。

新聞を通した対話

では、今から一五分間、グループで、どこに付箋貼って、どんなことを感じたかのか話しあってみてください。そんな記事あったたん？　と、自分には気づかなかった記事もあるでしょうし、同じ記事なのに、黄色の人と赤色の人がいらっしゃるかもしれません。ぜひその違いを楽しんでいただければと思います。いかに新聞でいろんな話ができるのか味わってみましょう。持ち時間が一人三分ぐらいになると思いますけど、グループで交流よろしくお願いします。

（一五分間の意見交流）

では、これより、後半戦。いよいよ本題に入っていきたいと思います。しかしながら、皆さまのグループでの話しあいがとても楽しそうでしたので、予定を少し変更し、お一人お一人に、一つだけ記事を選んでいただき、全員に紹介していただこうと思います。話してみようというものを決めてください。全員から記事を紹介いただき、その問題意識を参考にして、新聞の役割とか使命だとか、本日のまとめになるようなことをお話ししていこうと思います。何か話題を決めていただき、順番にお話しください。ぜひ付箋をつけたものの中から、全体で共有するとよいものを教えてください。それでは、順番に当てていきます。

参加者1さんから一点、教えてもらえますか。

参加者1：気になった記事は毎日新聞と読売新聞のＡＩの記事です。

中：理由を教えてもらえますか？

参加者1：最近、よく耳にする言葉なので。逆に言えば、いいことばっかり書いていますけど、ほんまにそれを全部信用していいのかという疑問を自分自身が持っているので。

中：ＡＩを信じてよいのかという話ですね。ChatGPTが一気に出てきました。これを信じきれるのかどうかという、今後、私たちが情報と向き合う中で大きな課題になるでしょうね。

参加者2：気になったのは、やっぱり毎日新聞のChatGPTです。

中：はい、この記事ですね。新聞から最新の新しい情報を得ることができますね。

中：次、お願いできますか。

参加者3：G7についての記事です。

中：G7について、何を感じられましたか？

参加者3：中国が今、ロシアとの問題で、かなりロシア寄りの考え方になりつつあるように感じていて、そして、日本は中国の顔を伺いながら外交をしているように感じる記事にみえたので。

中：どっちの新聞が？　どっちも？

参加者3：どっちも。中国が今後どう動いていくのかっていうのが気になりました。

中：G7の記事を読んで、中国との向きあい方を考えたのですね。

中：4さん、お願いします。

参加者4：「育児に父親参加」、毎日新聞の二九面に書いてある。理由としては、育児を行っている女性が社会にもう一回復帰できにくい現状がある中で、それを変えていかなければいけないっていうふうに書いてあって。現状はちょっと悪いかもしれないですけど、今後に対する展望があるのかなあという感じがしました。

中：はい、ジェンダーの話題も記事にあったということですね。ありがとうございました。

中：いいですか？

参加者5：はい。読売新聞の三四面。「広島サミットに望む」で、池上彰さんが最後に言っている言葉で、「大切なことは理想を言葉にし、訴え続けること」です。

中：池上さんの言葉ですね。どんなふうに思われました？

参加者5：続けるっていうことは、全てのことに大切ではないかなと思いました。

中：池上さんの言葉に納得したのですね。知識人のコメントも効果的ですよね。

中：それでは、6の方。

参加者6：読売は勤務先にあるので、毎日のように読んでいるのですけど、毎日新聞は久しぶりに読んで、比べられました。沖縄の返還の記事がどっちにも載っていたのですけど、毎日は二九面に、大きな見出しとともに、五〇行ぐらい。読売はどっかあるかなということで探したんですけど、そしたら三三面に、小さい記事で一二行くらいでありました。忘れずに取り上げてくれたけど、返還記念日は今日だったので、もし今日の新聞だったらもうちょっと取り扱いが違ったかも知れませんけど。

もうひとつ言ってもいいですか？　ジャニーズの記事が、社長さんが謝らはったっていうのが、毎日の二九面に取り上げられていますけど、私が見過ごしてるかも知れないんですが、読売にはないような気がしました。

中：二紙の違いを見てくれたのですね。五月一五日にちなんだ話題として、毎日が大きくとりあげた「沖縄」については、読売は少なかったと。ジャニーズ問題も併せて、新聞社による取りあげ方の違いをみてくれました。

参加者7：読売新聞の八面ですけど、「ケアの質　支えるリーダー」という記事が気になりました。

中：なぜか、理由を教えてください。

参加者7：僕の働いている職場もそんな感じなので、それもあってなのかもしれないのですが、目にとまりました。中身を見てみると、介護福祉士さんが必要なのですけど、なり手がいないという問題があるよっていう内容で。改善策としてはこうするよっていう部分が書いてあって、気になりました。

中：専門家としてこの記事はどうでした？

参加者7：専門家ではないのですけど、これでいくと、賃金を上げたところで来るのかなっていうふうには僕は思っています。お金が全てじゃないと思っているので、その点を改善しないといけないなというふうに僕は思います。

中：一般人が読むのと、その道のプロが読むのとはまた違います。専門家としての視線から記事を読んでいただいたということですね。

中：どうぞ。一言お願いします。

参加者8：読売の四面の「AIの拡大」です。

中：はい、AIね。ここに興味を持った。AIとメディア、重要な問題ですね。

参加者9：毎日新聞一二面の、「人口大国の憂鬱」。インドが中国にとって変わって、人口が世界一位になったという記事があります。

中：はい。どのようなことを思われました?

参加者9：人口が増えても、必ずしも明るいということではない。過剰な人口が貧困に繋がっていくという考えは、インドでは根強く、子どもが三人以上いる人の役所への就職を制限する州もある。また増える労働人口に対して、働き口が足りない、就職の競争倍率が高くなる。これから、インドはどうなっていくのか、気がかりです。

中：そうですね。ありがとうございます。今、おっしゃられていたこともですけれど、この記事では、今なお、三〇〇〇もの身分が異なる集団があるカースト制度で、カーストごとの人数をいまだに調査しているという現実は衝撃的ですね。しかも、その調査を教師が担っているなんて。インドの人権問題について、この記事から考えさせられることがたくさんありました。

参加者10：私は毎日新聞の二五面、京都の地域版ですけれども、「ぬくもり　ありがとう」という見出しで、下京区にある崇仁地域の市立の浴場が閉鎖されるという記事です。一〇〇年間続いた市営浴場がなくなるということで、このニュースは他の新聞とか、ニュースでも報じられていたのですが、その中に、昔のエピソードとして、亡くなった住民の一周忌や三回忌に、遺族が風呂を借り上げ、誰でも無料で入浴できる「供養風呂」も開かれていたということが載っていて。亡くなった人の節目のときも地域の人とともに生きていく、強いコミュニティーのあり方を感じましたし、こういうエピソードを取り上げて伝えるっていうのも、新聞の役割かなと思って読んでみました。以上です。

中：ありがとうございます。文面もですが写真もいいですね。で、「京都版」という話がありました。読売にも同じくありました。これは、地域面という、全国ニュースではなく、地元の記事を載せる面なのですね。この面の存在をね、頭に入れておいてください。後に、この点についても触れたいと思います。

参加者11：何度も出ているのですけど、AIについて、毎日の五面では、雇用が奪われる恐れもあると、柔らかく、さらりと書かれていますが、読売の四面では、AIというよりも、特に労働組合の活躍というか、「AI規制しろ」という抗議の声があるところが書かれていて、しっかり労働組合を紹介していて、はい、読売がここまで書くんやなぁと思っていました。

中：細かい分析ありがとうございます。AIに関しても、視点のあてるところが会社によって違っているということですよね。

参加者12：既に出たのですけど、毎日の一二面、「人口大国の憂鬱」のところなのですけど。今、インドっていったら、米中に次ぐ大国になろうとしている、と話が大きいんですけど、いまだにこういう視点から議論されているんだなと感じました。

それとともに、どっちかというと、日本国民としては、インドは実際の人口がどうで、内政がどうで、外交的にどう出てくるのか、どういう行動をしてくるのかっていうところが、かなり気になるところだと思うのです。中国を抑えるためにオーストラリアやアメリカとかと連携してっていうことをやっている中で、そういうニュースが欲しいなと思って。人口が増えていますね、それを調査できてなくて、今、調査してましてという話じゃなくて、それがどうこれからの世界に繋がっていくのかっていう情報を書いてほしいなというふうに思います。

中：なるほど。これは記事を批判的に読むってことですね。

参加者13：私はですね、毎日新聞の七面にある「Sunday Column」っていうところです。「「大うそ」に溺れたメディア」っていう記事がありまして、トランプが大統領選挙は不正投票やったということを、だいぶ煽って、FOXテレビでも、その言い分が放送されました。しかし、投票集計機の会社が、「そんな不正やってない」と、トランプの言い分を伝えたFOXを訴えました。結局、その会社に、F

OXが、一〇六〇億円を払って和解したということで、事実を認めたわけですね。FOXの中でも「なんでこんなん載せるんや」という意見があったにもかかわらず、FOXの視聴者を減らす動きをトランプからされて、それが怖くて、嘘だとわかってるのに、トランプが言うてることが真実かのように報道を続けた。

それを結構わかりやすく書いてて、こんなカラクリがあるんやなということで。和解して、FOXが負けたわけですけれども、その辺は全然メディアで報道されないんでね。こういう記事があると、なんか目からウロコの記事かなと思って、こんな記事があれば非常にいいかなと思いました。

中：はい。あってはならんニュースですけどね。メディアと政治権力の関係のあり方は、常に緊張関係にあらねばなりません。それどころか、今回は、トランプ大統領の嘘を、わかりながら報じていたという…。メディアの自殺行為ですよね。

参加者14：注目した記事は、毎日新聞のスポーツ、一面と三面。

中：なんか思ったことありますか？

参加者14：誰かにいろんな経験したことを伝えるっていうのが書いてあったんですけど、伝えていって、その経験をまわりに活かしてもらおうというのが、わかりました。以上です。

中：なるほどね。記事に共感したのかな。新聞を読んでいると琴線に触れる記事に出遭えますよね。

参加者15：はい。もろもろの記事は皆さん注目されているのと近いものがあるんですけれども、一番最初にこの新聞を二つ並べてみたときに、毎日新聞の一面、「伊達公子？　え？　なんで？　これでええの？　これ新聞？」っていうイメージがね。私の持ってる新聞のイメージとずいぶん、これ一面で扱うの、っていう疑問ですね。読売とはずいぶん違う。私の持ってる新聞のイメージってのは、やっぱり読売の一面の紙面構成です。社会問題であったり、事件であったり。

中：ありがとうございます。今日は京都新聞の新聞記者である石崎立矢さんにも来てもらっていますのでお尋ねしますが、この毎日新聞一面の意図は何か予想がつきますか？

石崎：京都新聞記者の石崎と申します。もともと記者ですけども、ＮＩＥという、中先生と同じように「教育に新聞を」という分野の仕事をしています。

毎日新聞、確かにびっくりしますよね。元々こういうじっくり読ませる読み物っていうのは夕刊に多かった。朝刊のニュースは、これを一番伝えたいんだ、次はこれだって価値判断でニュースの順番を決めます。

朝刊に載っているのは、二つ理由があると思うんですね。日曜日で、じっくり読んでほしい、ということ。もう一つは今、夕刊の読者が減っています。元々夕刊に載せて、夕刊で読んでもらいたかった読み物的なものを、朝刊で読んでもらわざるを得ない。この二つが大きな理由だと思います。

もうひとつの見方を言えば、先ほど14の方もちょっと言われたように、毎日新聞は、同じスポーツのニュースでも、背景とか、その選手の経緯をじっくり伝える。結果が中心ではなくて。やっぱりじっくり取材して、それを見せたいっていうのが新聞社としての思いだと思うので、そういう深掘り記事を見せるというあたりの意図があるのかなと思って読んでいました。

中：他社のことにもかかわらず、どうもありがとうございました。新聞社もネットとの競争の中で、もう速報性では勝てないので、「じっくり読んでもらう」方向にシフトしているのではないかなっていうのが私の見解です。もうひとつは、休刊日なので、記者も休ませないといけない。働き方改革で、事前に作った記事を載せて、休日の働きを減らしている、ということもひょっとしてあるのかもと予測したりもしています。

皆さん、どうもありがとうございました。いろんな視点からのお話、大変、有意義な時間でした。

●2　新聞の役割と意義、これから

どこから情報収集をするのか——新聞記事における紙とネット配信との違い

では、皆さまからいただきましたご意見も踏まえまして、最後のまとめをさせてもらいたいと思います。図の「新聞の役割（使命）と意義、これから」というところです。

まずは、私たちはどこから情報収集をしているのかという点から考えていきましょう。もう、それを新聞からっていう方はものすごく少なくなっています。つまり、ネットから、ということです。

もちろんネットから情報を得ることを批判するわけではありません。ネットでの毎日新聞のサイトを見ると、最新のニュースがどんどん出ています。おそらく、今、この時間（注：一九時三〇分頃）

新聞の役割（使命）と意義、これから

★わたしたちはどこから情報を収集するのか？

・ネットからでもいいのでは？
・新聞社のデジタル版でもいいのでは？
・「正しい」情報？（「新聞」（メディア）＝事実？）（YouTube/ テレビ / 新聞）

→新聞の信頼性

★「新聞社」が（しか）できること
★もし新聞がない社会は？
★新聞の情報は偏っている？ ➡新聞社による違い
➡ジャーナリズム精神

→社会をつくる原動力

※メディア・リテラシーとは？

鈴木みどり

市民がメディアを社会的文脈でクリティカルに分析し、評価し、メディアにアクセスし、多様な形態でコミュニケーションを創りだす力をいう。また、そのような力の獲得を目指す取り組み

浪田陽子

① メディアの特徴を知り、社会におけるメディアの役割を理解すること
② メディア・テクストをクリティカルに分析し、その内容を熟考・判断する力
③ 自ら情報の編成・発信の試みをすること

では、夕刊には掲載されていないニュースもたくさん配信されていることでしょう。読まれているニュースランキングなんていうのもあって、多く読まれた記事が順番に並んでいます。今、この瞬間では、一位は将棋の藤井聡太さんの記事のようです。クリックが多い順に並ぶわけですね。二〇位まで、全く同じ大きさの扱いで。

ところが、紙の新聞紙面はどうでしょう。見出しの大きさとか掲載場所、分量などで、新聞社がどの話題を大切だと考え、本日の伝えたいことが何かっていうことが一目瞭然にわかるようになっています。今日の議論でも、記事が「目につく」「目につかない」という話がありましたが、新聞紙面の見出しの大切さ、つまり、新聞社が選択評価した見出しの大きさについ

て読者が感じることの重要性を再認識する必要があります。

ところが、ネット配信では、ページビューを稼ぐことが求められます。そこで、素早くクリックしてもらうような見出しをつけることが優先されることになっていく。ネット配信は紙面には全く載ってない最新記事が見られ、さらに、瞬時に更新されていくというとっても便利な面もあります。しかし、このシステムの行き着く先がどんな社会になるのかということも、私たちは考えないといけないということです。

その点について、さらに考えさせられる具体例をあげてみようと思います。「声を上げた若者は今」という記事（二〇二三年五月二日朝日新聞）です。実は、この記事に関連して、五月二日、三日あたり、X（旧：Twitter）で、議論が湧きあがったのです。

この記事は「「みる・きく・はなす」はいま」という、二〇二三年で三六年、計二七〇回も続いてる連載ですが、今年度は「遮断の時代」といったテーマで編成されています。社会が分断され、自由にみること、きくこと、はなすことが遮られていないか。お互い考えが正反対になり、相手の方に声が届かないという時代に陥っているのではないか、という問題意識からの連載です。

この記事を新聞紙面で読めば、「声を上げた若者　今は」という大きな見出しが目につきます。これは、SEALDsの元メンバー等、二〇一五年当時、安保法制反対と声を上げた若者が、その後、どんなことで悩んだり苦しんだりしたのか、そして、今、何を考えているのかを取材した記事です。

小見出しには「中傷と嘲笑　SEALDsの過去　「隠したい」」とともに、「でも　沈黙する社会の方がもっと怖い」とあります。ところが、ネット配信では、「「隠したい」元SEALDsの過去」という見出しになっていました。さらにさらに、Xでは、「隠したい元SEALDsの過去　若者を後ろめたくさせるものは」との見出しで、発信されていました。記事自体は同じなのですが、このように見出しは異なります。そこで、Xで、朝日新聞社のネット配信は、記事内容を正確に表していないのではないか、と議論を呼んだのです。現在見ることができるネットの記事では、また少し表現が変わっています（「隠したい」元SEALDsの過去　若者の声を封じるものは）。

皆さま、どうして、このような違いが生じるのか、おわかりでしょうか？　ネットの見出しでは、社会運動を行った若者は、自身の過去を隠したいものと思っている、という印象を持ちます。そのような見出し表現のほうが、ページビューを稼げると判断したのでしょうね。でも、連載や記事の趣旨とは合致していません。毎回、ネット記事と紙の記事を比較することはできないし、ネット配信記事にも速報性など、メリットも多くあるのだけど、ネットの見出しのつけ方には、このように閲覧数を稼ぐという意図も働いているということを、頭の隅に入れておかなくてはならないでしょうね。配信記事では、このようにミスリードしてしまう危険性があるということです。

「正しい情報」とは？――新聞の信頼性

次に、「正しい情報」とは？　という問題について考えてみたいと思います。今日の皆さまとの議論でも、中国との向きあい方やＡＩについて、新聞社によって見解に差が出てくるということを実感したところです。ところで、今、皆さまはどこから情報を得ているのでしょうか。学生のAさんなんか、いつもYouTubeから情報を得ていると話していますね。

このように、現代の若者は、YouTube等で情報を集めているようです。そのYouTubeで得た情報と、新聞社の情報との違いっていうものを、私たちは、しっかりと把握する必要があるのではないかと思います。もちろん、きちんとした検証を加えて、正確につくられたYouTube番組もあるでしょうが、多くは、極めて少人数で番組を作っているのではないでしょうか。人数の多寡が問題というより、番組内容をだれがどのようにチェックして内容を担保しているのかが不明であるということが問題だといえます。

一方、新聞は、取材に行く人、写真を撮る人、記事を書く人、その記事をチェックする人、見出しを作る人、校正をする人など、多くの人々の手を経て、幾重にもチェックがあり、その新聞社の名の下に発行されています。もちろん、新聞社間での考えの違いはありますが、その社の考えを発行するまでの複雑かつ慎重な手順のかけ方と、YouTubeでの発信とは同列にはできないと思うのです。読者の手に届くまでに、どれだけの時間をかけているのか、何人の手がかかっているのかということを、再確認せねばならないということです。

この話をもう少し続けましょう。今、情報は良くも悪くも、だれもが発信できる時代になりました。若者の撮影する写真は、加工が入っているとも（笑）。その写真について、例えば、先日、ロシアのクレムリンがウクライナから攻撃を受けたという報道がありました（五月四日朝日新聞）。このニユースには写真もつけられていましたが、そのキャプションは「クレムリン上空を飛ぶドローン（無人航空機）とみられる物体＝ロシア独立系メディア「オストロージノ・ノーボスチ」のＳＮＳに投稿された動画から」というものでした。

新聞に載った写真は、ＳＮＳに投稿された誰が撮ったかわからない動画からなのです。ですから、この写真の正確さが担保できず、上のような長ったらしいキャプションになっている訳です。つまり、写真も、どこの新聞社の、誰が撮っているという確証を得ることが、ものすごく大事なことになってきているということなんです。

例えば、「京都新聞記者」という名刺を持った方が街に出て、事件現場に直接出向いて、その方が写真を撮り、京都新聞社がチェックして、その社の新聞記事として写真を載せるっていう、この重みを、私たちは本当に実感しなくてはならない。

新聞がない社会は？――アメリカの場合

新聞がなくても困らないという意見にも一理あるでしょう。しかし、もしなくなってしまった場合、どういうことが起きるのかということが書かれた新聞記事があります（二〇二三年一月二八日、朝日新聞）。資料から、アメリカでは、もう新聞がない地域、あるいは一紙のみの地域が多数あることがわかります。二〇〇四年には八九〇〇の新聞があったが、二〇二二年五月までに二五〇〇紙が廃刊になっているそうです。私たちは、今日、ぜいたくに新聞の比較読みをしましたが、比較読みできる地域がアメリカではほんの一部になっているのです。比較どころか、一紙もない地域が相当あるのです。

この記事は、新聞がない地域がどんな状況になるのかのレポートです。アメリカでは、地域での様々な不正、とんでもない人権抑圧事象が起きても、誰も報じない、誰も知らないという事態が静かに進行しているということです。これを対岸の火事や他人事とみなすことはできないでしょう。もしも新聞社がなかったらどんなことになるかっていうことを、私たちはしっかりと心にとめておかないとだめだと思います。

新聞は偏っているのか――新聞の読み方

たまに、「あの新聞は偏ってるから読まない」という意見も聞きます。新聞の情報が偏ってるのかどうかっていうことですけれど、「偏り」とはどういうことか押さえておく必要があります。

私たちは、それぞれ自身の考えがありますよね。あらゆる問題に対して、「中立」の考え方なんてないですよね。私たちは、市民として、個人として、自身の立場から、自分の考え、立ち位置があるべきです。もちろん、本を読んだり、他者の意見も聞いたりして、絶えず考え続けることが大切なことは言うまでもありません。

ですから、新聞でも、新聞社の意見があってもいいわけです。どの新聞も何らかの偏りがあるわけです。大切なことは、あらゆる立場からの議論を受け入れる「公平」さを担保しているかどうかだと思います。

さて、私たちは新聞をどう読むのか、ということです。今日は、その体験を、黄色と赤色の付箋をつけて読んでいただきました。皆さまのように、自分の専門分野や興味のあるところから読み始め、その新聞に赤色の付箋をつけてみる。自身が考えたい問題や話題に関して、その記事をそのまま受け入れるのではなく、判断材料の一つとして、新聞記事を読む、ということですね。その問題に対しての判断材料を、新聞で得るということです。だから新聞社によって論調に違いがあるのは大いに結構なことで、余裕があれば違う新聞も読んで、自分の思考を育てていく。

実際に、今日も、新聞にはいろんな意見が溢れていて、ＡＩに関しても多様な記者が、多様な記事を書いている。今回はこっちの新聞、労働組合を取り上げてよかった、この書き方弱いな、考え方に違いがあるよね、などと、色んな角度から自分なりに評論できたらいいですね。

「五月一五日」の扱い方の違いも面白かったですね。毎日新聞は「沖縄」に力を入れていました。一方、読売新聞は、六〇周年を迎えた拉致問題をメインにしました。また、毎日新聞は三〇年前の信楽の事故についても取り上げていました。同じ五月一五日の過去の出来事を取り上げるのも、こんなに違うものなのですね。時には、私たちは、新聞各社の違いを比べるぐらいの活動をしてもよいのではないかなって思います。

ジャーナリズム精神とは——新聞記者に求められるもの

ジャーナリズム精神という言葉があります。記者は何のために記事を書くのかっていうことです。

よりよい世の中、つまり民主主義社会を発展させるために、新聞は存在します。新聞に求められていることは、社会的に困っている弱者の側に立って、この社会のまだまだ足らないところ、改革が必要なところを、地道に丁寧に取り上げ、多くの人々を議論に巻き込むことだと思います。特に権力者の不正に対しては、積極的に取り上げていくことが必要です。全ての人の人権を守る、砦である必要があります。民主主義社会をよりよくするための伴走車、牽引車なのです。新聞記者に求められるのは、このようなジャーナリズム精神です。

ジャーナリズム精神に関して、面白い文章を紹介しますので、ぜひご覧ください（薮下彰治郎「積み重ねた知識が発見に連なる」『Journalism』二〇二三年三月号 八八〜九九頁）。この文章は、一九九五年に行われた朝日新聞社の先輩記者が企業内研修で後輩に向かって行った講演の一部です。以下、内容を簡単にまとめておきます。

伊勢湾台風（一九五九年）が東海地方を襲ったとき、この講演者は、津支局に勤務する二年目の記者でした。五〇〇〇人もの犠牲者を出したこの台風の悲惨な現場を、泥にまみれて取材して、現場の様子を記事にしました。本当に涙で文字が書けなかったそうです。でも、心を奮い立たせ、現場の見たままを書くことが真実の報道だと思って原稿を書き続けたそうです。

そんな時、東京から社内でも高名な記者が取材に来ました。発災後一週間もたってから現れて、どんな記事を書けるのだろうと内心、やや斜めにみていたそうです。ところが、その人が書いた記事を読んで、度肝を抜かれたそうです。

その記事は、災害の被害を受けた人たちの家は、川の水が流れる場所にあったこと。つまり、最底辺の労働者の社宅のところに水が流れるようなしくみになっていたと。そして、工場自体は、初めから二メートル以上もかさ上げされていて、機械には被害がなかったと。高級幹部ももちろん無事で、亡くなったのは一般社員、工員だけだったというような記事でした。新聞っていうのは、何を書かなくてはならないのか、まさにジャーナリズム精神を知ったというような内容です。ぜひ読んでみてください。

また、今日は「京都版」に市立浴場の記事がありましたけれども、この講演録の後半では、新聞の生命は、こういう地方版こそが握っているのだ、っていうことが述べられています。今日の毎日・読売新聞は、地方版の記事も充実していましたが、もう本当に地方版が成立していない新聞社もあります。そのような新聞では、昨日起こった出来事なんて何も書かれていません。もうほとんど地元に張り付く記者がいないのですよね。皆さまも、自分のお住まいの市町村でどんな政治的な問題があるのか、ご存知でしょうか。記事がないので、何が起きているのか、本当にわからない状態になりつつあります。先ほどのアメリカの事態が彷彿されますね。ですから、このジャーナリズム精神こそが、社会を作る原動力ということになります。

メディア・リテラシーとは――社会におけるメディアの役割の理解を

メディア・リテラシーという言葉をよく聞くと思います。一一七頁の図の鈴木みどりの定義が有名です。本日、私たちは、メディアを読んで、いろんなコミュニケーションをして、社会のあり方を考えました。こういうような取り組みをメディア・リテラシーといい、私たち市民がそれを獲得する取り組みを続けることによって、社会が変わっていきます、ということです。ところで、私が最近、着目しているのが、浪田陽子の定義なんです。メディア・リテラシーの定義の一般的なイメージは、その三つの中の②なんですね。しかし、私はこれまで、③が大事で、学校で、子どもたちと新聞を作ろうということを実践してきました。メディアから情報を受け取るだけじゃなくて、私たちが発信することによっていろんなことが結構わかりますから、自分の考えを発信することもメディア・リテラシーなんだっていうことです。

しかしながら、昨今の情勢を考えると、①の点も、ものすごく重要であると思い始めてきたのです。メディアっていうのは何のためにあるのか、どういう役割をこの社会に果たしているのかっていうことをしっかりと理解すること。メディアっていうのはどういう役割を持っているのかということをしっかりと理解することが大事なんだって、浪田先生は言っているのですね。私もこの点を肝に銘じたいなと思っているわけです。新聞やジャーナリズムが社会で果たしている役割の理解を促していく教育を、ぜひもっと力を入れていかないといけないと考えているところです。

もう少し、突っ込んだ話をしましょう。玉石混交の情報が錯綜する現代社会のなかで、そのブランド名でもって、裏付けある情報を得て、その記事を判断基準とできるメディアっていうのは、かなり少ないでしょう。よって、新聞社っていうのは、大切な私たちにとってのメディアとなります。

例えば、ウクライナで何が起きているかを、現地に取材に出向き報道すれば相当の経費がかかります。また、経費だけではなく、戦地に記者を派遣するということも簡単なことではないでしょう。でも誰かがウクライナに行って、私たちに本当の（信頼できる）情報を伝えないと、ウクライナで何が起きているのか、誰もわかりません。ですから、私たちは、より良い市民社会を創る公共財として、新聞社をどう支えるかということまで考えないと、この社会を発展させることはできないのではないでしょうか。資金力のある勢力がフェイクニュースを組織的に流しているという事案も起きています。基本的人権を守るためには、私たちにも不断の努力が求められています。本当に踏ん張りどころです。

●まとめ――民主主義社会の発展のために（私たちの責務）

図の「ＮＩＥ（教育に新聞を）について」は、私の教育現場での実践をまとめておきました。時間があれば、私のＮＩＥや主権者教育の研究活動の報告もしたかったのですが、あいにく、終了の時間が近づいてきました。資料をぜひ、ご覧ください。

それでは、本日のまとめをしておきたいと思います。皆さまと考えあったことは、まず、溢れる情報を誰が発信しているのかを確認しつつ、議論しあっていくことが大切であるということ。次に、私たちは、メディアの役割を理解し、社会的弱者の声なき声を誰かに届けてくれるメディアを支え、育てていくことも責務であるということでした。

NIE（教育に新聞を）について

★人の生き方、社会のあり方について豊かな対話を生むメディア～生徒の琴線に触れる話題が見つけやすい（学校では配りやすい、紙ならではの魅力）

・最新（教科書・書籍に比べて）
・一定の質の保証（ネットとの違い）
・多岐にわたる情報をコンパクトに収納【一覧性】← **「新聞一紙まるごと」**
・いつでも、どこでも、いつまでも、繰り返し読める
・写真、広告も

A: 新聞を読む、調べる、議論する活動

①気になる記事・写真・キャプションをさがしましょう
⇒(スクラップ・要約・意見・視写・スピーチ)

・「ひと」「顔」
・コラム（1面）
・「人生相談」

②新聞の構成を知ろう
・1面・政治・経済・国際・オピニオン(社説)・投稿・スポーツ・生活（家庭）・地域・社会・広告
③比較してみましょう
・1面・見出し・写真・社会面・スポーツ面・社説
④テレビ、インターネット、スマホとの違い（見出し・分量・「位置」）
⑤生きる支えに(子どもの琴線に触れる記事を)
⑥投稿
⑦まわし読み新聞
★授業参観で、そして家庭で(話し合い・ファミリーフォーカス)

B: メディア（新聞）をつくる活動

・根拠や理由、資料やデータをもとに、人に伝わりやすく説明することや書き表す力（を集団で獲得することができる）
・取材・配達・展示できる（Face to Face）←GIGA スクール構想
実践プログラム例（子どもが夢中になる活動例）
・「大阪シティズンシップ研究会」・・・守口市立守口小学校（2020～2022 年度）
【めざすもの】 調べた、聞いたことをただまとめるだけでなく、それを根拠に自分たちの意見・提言を述べ、社会へ問うこと（ジャーナリズム精神）
→「対話」を通しての人間づくり、人間関係づくり（生徒指導）
⇒本物の新聞を見る眼が変わる！
⇒メディアに対する信頼
⇒メディアを支える気持ち
⇒「平和で民主的な社会の形成者（教育基本法第1条）」の育成【主権者教育】

この点は、新聞社側にも当然、質の高い信頼できる情報を届ける努力をお願いしたい訳ですが、私たち市民も、その営みを支える必要があるのだということを、繰り返し述べておきたいと思います。新聞がない社会がどのようになるのかを、香港やアメリカの例をあげてお話ししたのはそのためです。

すべての人々が自身の人生を謳歌できる社会でなければなりません。情報伝達手段が格段に進歩したSociety5.0では、私たちは、世界中の人々と、世界をよりよくするための議論を行い、感動したり、泣いたり、考えたり、悩んだり、調べたり、抗議したり、話し込んだりといったさまざまなコミュニケーション活動を展開できる可能性が広がっています。そのなかで、新聞というメディアが引き続き確固とした存在感を持ち、市民から信頼されるメディアであることを願いたいと思います。本日はこれで終わらせていただきます。皆さまには、今日、お考えになられたことを、それぞれの持ち場でお伝えくだされば幸いです。

※当日の新聞や配布資料は紙幅や著作権等の関係で掲載できませんでした。そのため、本書の読者に、資料等がなくても文意が通じるように、例会でお話した内容から大幅に、加筆した箇所もございます。ご了承ください。配布資料等の詳しい内容をお知りになりたい場合は、花園大学人権教育センターにお問い合わせください。

（花園大学人権教育研究会第119回例会・二〇二三年五月十五日）

あの子もそうかもしれない…?!
ヤングケアラーは身近な存在

根本治子

●はじめに

こんにちは、ただいまご紹介いただきました根本です。ご案内戴きましたように、本日は「あの子もそうかもしれない…?!　ヤング・ケアラーは身近な存在」というテーマでお話しさせていただきます。

本日お話しする内容としまして、まず最初に、ヤング・ケアラーとはどういう子どもかということ、次にヤング・ケアラーという子ども、あるいはヤング・アダルト・ケアラーという青年の生活を守るとはどういうことかということ、最後に私たちができることは何かという、この三点についてお話しさせていただきたいと思います。

●ヤング・ケアラーの定義

ヤング・ケアラーの定義ですが、現在、厚生労働省と日本ケアラー連盟が定義しておりまして、二つはあまり変わりませんけれども、現状を言い当てているのは日本ケアラー連盟の定義かと思っています。

日本ケアラー連盟はどのように定義をしているかというと、「家族にケアを要する人がいる場合に、大人が担うようなケア責任を引き受け、家事や家族の世話、介護、感情面のサポートなどを行っている、一八歳未満の子ども」としております。また、一八歳以上二五歳頃までのケアラーについては、「ヤング・アダルト・ケアラー」という名称を用いていきたいと述べています。

このヤング・アダルト・ケアラーの定義については各国によって違いがありまして、少しだけここにお示ししますと、日本ケアラー連盟は一八歳以上二五歳頃までと明記しておりますが、厚生労働省はヤング・アダルト・ケアラーについて特段には表記しておりません。今回私が皆様にお示しいたします事例の中で、大学生の問題を取り上げておりますが、その場合にはこのヤング・アダルト・ケアラーという認識でお話をさせていただきます。よろしくお願いいたします。

●ヤング・ケアラーを示す項目

実際にヤング・ケアラーとは、一体どういうことをしている子どもをいうのか、一〇項目ほど示されております。

細かいですが「障がいや病気のある家族に代わり、買い物・料理・掃除・洗濯などの家事をしている」子ども、「家族に代わって、幼いきょうだいの世話をしている」子ども、「障がいや病気のあるきょうだいの世話や見守りをしている」子ども、「目を離せない家族の見守りや声かけなどの気づかいをしている」子ども、「日本語が第一言語でない家族や障がいのある家族のために通訳をしている」子ども、「家計を支えるために労働をして、障がいや病気のある家族を助けている」子ども、「アルコール・薬物・ギャンブルなどの問題のある家族に対して対応している」子ども、「がん・難病・精神疾患など慢性的な病気のある家族の看病をしている」子ども、「障がいや病気のある家族の身の回りの世話をしている」子ども、「障がいや病気のある家族の入浴やトイレの介助をしている」子どもというように、一〇項目が示されています。

現在、ヤング・ケアラーと呼ばれる子どもが負担している中身がここに示されておりますが、この内容を見てわかるように、成人・高齢者の介護を子どもがしている、同様の兄弟姉妹の世話を子どもがしている、というような状況が示されています。

つまり、このような内容というのは、普通という言葉を使ってはいけないのかもしれませんが、普通であれば介護が必要な家族がいるならば、当然、介護保険の申請の中でヘルパーさんに補っていただくなどのシステムを使って、子どもが介護しなくてもいいような状況にあるはずです。けれども、なかなか社会システムを活用できていない家族が多いという問題性が、一つ明らかになっているかと思います。

●ヤング・ケアラーの実態

ヤング・ケアラーについて、二〇一九（平成三一）年度と二〇二二（令和四）年度に調査が行われています。二〇二〇（令和二）年度も調査が行われていますが、今回は二〇二二（令和四）年度の資料を使用しました。この調査の対象がどのような人たちかといいますと、小学校・中学校・保育所の先生たち、あるいは教育委員会の職員とか、児童相談所の職員の人たちにアンケート調査が行われています。

(1)ヤング・ケアラーの認識

ヤング・ケアラーの認識がどこまでできているかということですけれども、本当に興味深いと思ったのは、ヤング・ケアラーを学校において「把握している」という数値と、「該当する子どもはいない」といった回答が、ほぼ同じような数値であることです。

この結果がどういう意味を示しているか、影響しているかということですが、注目したいのは「言葉を知っており、学校として意識して対応している」という学校については、五〇％以上が「ヤング・ケアラーがいる」というデータで、半数を超えて認識をしているということがわかります。

それに比べて「言葉は聞いたことがあるが、具体的には知らない」、「学校として特別な対応はしていない」という学校は、「ヤング・ケアラーがいる」と認識している数値が大変低いという結果が示されております。また同時に、「ヤング・ケアラーはいない、わからない」という数字が多くなっていることも、教員の問題意識のあり方によって、当事者である児童の学校生活環境に大きく影響を及ぼす要因である、ということを認識しておくべきだと考えます。

つまり教育現場において、教員がどこまで子どもたちのことを把握しているかによって、その後の子どもたちに対する影響や支援策が大変大きく変化するということが、このデータから見てわかると思います。

(2) ケアをすることになった理由

「家事をしない親のためにきょうだいの面倒を見る必要性にかられた」、あるいは「親が一人親だから」、「親が病気がちだから」、そして「親が仕事で病気の家族の世話が十分にできないから」という理由が多いことから、子どもに家族の世話を担わせているということが、これでよくわかると思います。子どもが家族のためにケアをすることは当たり前だ、と考えている家庭が大変多くなっております。そして当たり前なので、相談する必要はないと思っているということが、ヒアリングやアンケートの結果からわかっています。

親も、自分ができないから、子どもに依存せざるを得ないということがありますけれども、親自身が子どもにケアをさせていることを悪いとは考えていないとか、あるいは悪いと思っていても仕方ないというような考えで、子どもに世話をさせているというような状況になっているかと思います。

子どもが犠牲になっていることについて、問題意識を持っていないということなのか、あるいはSOSが出せないという家族がほとんどなのか。なかなかSOSが出せないということについては、現在社会で問題になっている高齢者介護においても、介護家族がなかなかSOSを出せない、どこに相談していいかわからないというようなことで、様々な事象が起きています。この子どもが世話をするというヤング・ケアラーにつきましても、高齢者の場合と同様の現象が親と子どもに起こっているのではないかと危惧をしているところです。

(3) ヤング・ケアラーの具体的行為内容

実際にヤング・ケアラーの子どもたちが、どのような行為をしているのかについて、二〇一九(平成三一)年三月の調査結果を見ますと、「身体介護」、「家事」、そして「きょうだいのケア」をしていることが、高い数値として出ております。けれども、二〇二二(令和四)年の調査結果を見ますと、「身体介護」、「家事」が減って、「きょうだいの世話」をしているという回答が一段と多くなっています。この理由については、私自身もなぜ「家事」が減って「きょうだいの世話」が増えたのかよくわかっていないところで、これからの課題だと感じています。

（4）世話に費やす時間

ヤング・ケアラーが持つ問題として、世話に費やす時間ということがあります。二〇一九（平成三一）年のデータを見ますと、「五時間以上」が四三％以上となっています。子どもたちが五時間以上を世話に費やされていたということは、大変な驚きをもって見ました。

二〇二二（令和四）年になりますと「五時間以上」が一五％に減っているという現実があります。二〇一九（平成三一）年ですと、「三時間から四時間」、「四時間から五時間」という子どもが多かったのですが、二〇二二（令和四）年になりますと、「一から二時間未満」が二七・四％と大変増えているということがわかります。

子どもたちが一日の中で、このように「二～三時間」を家族の世話に費やしていること、しかも一五％という高い数値で、子どもたちが「五時間以上」を家族のケアに費やしているのです。本当は子どもの時間としてあるべき時が割かれてしまい、家族の世話をしているということがよくわかるかと思います。

この「五時間以上」という長い時間が、子どもとして生活できる時間、例えば友人と遊ぶ、宿題をする、自分の好きなことをするという、まさにその発達時期に必要な時間が奪われていることになるわけですから、早急に対応が求められる事象であると考えているところです。

（5）夜間に費やすケア時間

夜間におけるケアについては、「二時間未満」までの場合は、昼間ではなく夜間に家族の世話をしています。一日や二日で終了するケアではなく、いつまで継続されるか予測できません。わずか二時間程度の夜間ケアであっても、その時間は子どもがケアを担うことが日常になっていき、その子どものヤング・ケアラー生活の始まりになるといえます。成人した大人でさえも夜間に睡眠を中断され、ケアすることは本当につらい時間になります。通常であれば子どもはスヤスヤと休んでいる時間であるはずです。

二〇一九（平成三一）年のデータを見ると、夜間のケア時間が「一、二時間未満」は一四・五％という数値になっています。「五時間以上」、あるいは「四、五時間」、「三、四時間」、「二、三時間」という場合でも、いずれも八％以上の子どもたちが、夜間に家族の世話で起きていなければいけない、あるいは起こされているという状況です。

子どもの発達段階から考えると、眠ることで成長するわけですから、通常の成長発達課題をクリアしていくことが阻害されているという状況になります。この夜間に費やされているケア時間を見ても、子どもに与える悪影響がわかると思います。

小児期は家庭で日常の生活習慣を獲得し、児童期・青年期は成長していく中で、アイデンティティの確立に必要な時期・時間でもあります。大人でも自分自身の都合ではなく夜間に睡眠を中断されることは大変苦痛なのに、成人に成長すべき土台作りの時期に夜間ケアをしなければいけない。それを考えれば、小学生や中学生が強制的に夜間に対応しなければならないという現実について、八％〜一四％強もいるヤング・ケアラーの子どもたちの日常は、やはり将来の可能性のためにも、早急に対応しなければならないことだと考えます。

⑹ ケア対象者

次に、ではどのような対象者を子どもがケアしているのかということになります。

まずは「要支援・介護」の最も高い数値を示しているのは、おじいちゃんだったりおばあちゃんだったりという、祖父母が対象になります。そして、「精神障害」のところを見ますと、母親のデータが、群を抜いて多くなっています。お父さんの数値もありますが、やはり圧倒的に精神障害を持った母親のケアをしている、ということになります。そして「依存症」ですけれども、これは父親ですね。アルコール依存症なのか薬物依存なのかギャンブル依存なのか、はっきりわかりませんけれども、依存症のお父さんを子どもがケアをしている状況にある、ということになります。

このような要介護の高齢者だったり、精神障害、依存症だったりという現状を見ますと、医療者との連携が求められます。また福祉との連携も重要であると思います。そしてヤング・ケアラーにとって優先すべきことは、医療と教育現場の教員が密に連携を取ることだと考えます。

家族という名のもとに犠牲となる環境にある子どもをどう救っていくかについての対策を、連携して考えていかなければいけないでしょう。医療者もヤング・ケアラーに関心を持たなければいけない、ということがここに示されているのではないかと思っています。

●事例から考える

ここからは事例を紹介します。これは、私が初めてヤング・アダルト・ケアラーである学生の相談を受けた事例です。七、八年前になりますので、現在のようにヤング・ケアラーが話題となっていた時期ではありません。したがって全く関心も知識も乏しい状況での相談だったと思います。私自身、どのように関わっていいかが全くわからない状態で、学生と関わった事例ということになります。

相談者である学生の家族ですが、母親と当該大学生と小学生の妹一人の三人家族です。父親はおりませんでした。母親は精神疾患を患っており、感情のコントロールができない状態で、仕事ができないために生活保護を受けているという状況でした。当該学生が母親と妹の面倒をみていました。そして、母親の感情の波が激しく、暴れると同時に暴言を吐くという日々の生活で、当該の学生と妹さんが大変不安定な状態でした。

母親のストレスフルな状況のため、妹は母親から離れられず、学校に行く気力がなくなって不登校気味でした。当該学生の不在時には、妹が母親の世話をしていました。妹も当該学生も、学習に対する不安が大きくなっておりましたし、当該学生は国家資格を取って専門職者となるという将来に対しても不安がありました。母親が生活保護を受けていて、学生は大学生活を送っていましたので、アルバイトをしながら生活費と学費を工面しているような状況でした。

お母さんが生活保護を受けていたので、月に一回保護担当課の職員が来ますが、当該学生は「生活保護を受けていながら大学に通っている、大学を辞めて働いたらどうか」、というような嫌味を、毎回毎回来るたびに言われるのでとても嫌だという話をしていました。

この当該学生が所属する学部は、国家試験の受験資格を取得するために出席管理が結構厳しく、母親の介護とか、自分自身もメンタル面で受診をしているということもあり、なかなかスムーズに出席することができず、国家試験の受験資格を取ることは難しい状況でした。

このように、生活のためにアルバイトをしながら、また当該学生自身も受診をしながらですので、彼女自身も母親と同じように、日内変動がある中で生活をしていたということでした。当の母親は定期的に受診をすることができず、ましてや薬を定期的にきちんと服用するということもできていませんでした。ほとんど日中は寝ている状態で、当該学生が受診を勧めても、動けず寝たきりというような状況が続いていました。このような状態の母親でしたので、どうにかしないといけないと当該学生とともに考え、保護担当課の職員が来たときに母親のことを相談しようと話をしておりました。

私が特に気になったのは妹のことでした。妹はほとんど学校に行っていないのではないかと思えました。つまり、当該学生が大学に行っているときは妹が母親の世話をしているという状況でしたし、彼女はアルバイトもしていたので、日中はほとんど家にいませんでした。そのため、妹がお母さんの世話をしていて、学校に行くことができていないことが予測され、その辺がとても気になりました。その妹のことも含めて保護担当課の職員と話し合うよう、学生と話をしました。ところが当該学生が担当課の職員に、妹のこともあるのでちょっと相談をしたいという話をしたとき、この担当課の職員から「僕は生活保護の担当であって子どものことは関係ないので、わからないから話には乗れない」と冷たく言われたということです。これは小学校の先生とつながらないといけない、というような話を学生としておりました。

生活保護課職員との関係性も考えて協力をすると話していたが、当該学生はひとりで解決に向けて対応していました。クリニックに通いながら、薬を飲みながら、アルバイトしながら、国家試験を受験するために授業に出席しなくてはいけない、家のこともしなくてはいけないという生活環境の中、本当に大変な思いをしながら学生生活を送っている状況でした。この学生については、出席日数や成績のこともあって、国家試験の受験資格を取ることよりも、とりあえず大学の卒業を目指すということで頑張ったということです。

この家族ですが、地域との関係性でも生活のしにくさがありました。母親が生活保護を受けているだけでも偏見があり、地域の人たちに差別的に見られていました。それに加えて母親が精神疾患で、状態が悪いときは物を投げつけたり、子どもたちに罵声を浴びせたりと、大声で奇声を発したりすることがあったものですから、地域に対してSOS、助けが求めにくいというような環境にあったということが一つあります。

もう一つの問題は、やはり妹が学校に行けないという、学習権の問題がありました。これにつきましては、担任の先生が、もう少し自分のクラスの子どもたちに関心を持ってもらって、何でこの子どもが学校に来ないかとか、来ても遅刻をしたりとか居眠りしたりしていて変だと、子どもの状態をキャッチしてもらえたら、行政とつながって、より当該学生と妹を守ることができたのではないか、と大変残念な思いであったのがこの事例です。

私たちは今、ヤング・ケアラーということで子どもを対象にしていますが、この事例のように大学生の年齢のアダルト・ケアラーでも、やはり同じように家族の世話をすることで学習権を奪われています。そして青年期、思春期において獲得すべき事柄を、生活環境によって獲得することが困難という状況であり、ヤング・ケアラーという子どもだけではなく、大学生の年齢でも同じような状況にあるということを、記憶に止めておいていただければと思います。

●多職種連携の必要性

このような事例を通じて大いに痛感したのは、多職種連携の必要性ということです。そこで私が所属する大学において、教育学部と看護学部の教員の有志で、ヤング・ケアラーの支援を考えるワーキングチームを立ち上げました。まず子どもたちのことを考えると、教育委員会との連携も必要ではないか、虐待もあるかもしれないから自治体の虐待関係の方も巻き込むべきではないか、ということで、行政機関との連携チームを作りました。行政との連携チーム設立においては、教育学部の先生にご尽力いただき、連携チームとして何度か会議を持ちました。

この「ヤング・ケアラー支援」について、私たちでどのようにケアをしていくことができるだろうかということを、何回かチームで話し合いを進めました。その中で、教育委員会や市の方から、小学校・中学校の方に、連携チームができたので何かあったら相談に乗ります、と宣伝してくださったので、市役所とか児童相談所の職員とか、あるいは教員の方から相談がありました。

実際に相談があった小学校に出向いて、校長、担任と養護教諭、その当該児童に関わった教員と検討会を開きました。何が問題かというところでお話を聞く中、そのときにわかったサポート内容について、例えば、こういうふうにしたらいいんじゃないか、あのようにしたらいいんじゃないかとか、直接話を伺った時点での助言をいたしました。

小学校の先生からとても詳しい情報を得たときには、それを持ち帰ってもう一度、私たちなりにどのようにしたらこの子どもが救われるのか、どこに介入をしてもらったらいいだろうかというような点で、会議を持ちます。その会議の結果を、今度は相談者にもう一度返すというような方法でやりとりをしながら、ケースで検討して解決に向けていきました。

教員だけではヤング・ケアラーの抱える問題の解決は難しいと思いますし、行政だけでも難しいと思いました。現在、多職種連携の必要性が言われています。さまざまな職種に集まっていただくことで、各専門職の知恵をいただくことができるので、とても大切な活動だと思っています。

当時私は学部長をしていたものですから、事例によっては、精神領域の先生に参加してもらった方が良いと思えば、精神領域の先生に「ねぇ先生、こういう事例があるんだけど、小学校で会議があるから一緒に来てくれませんか」と頼んだり、看護学部の教員に活躍の場を広げさせていただいたりして、多職種連携でいろんな事例が検討できる可能性を考えました。さまざまな職種の人たちに来ていただいて、一人ひとりの子どもをどう守っていくかというような検討をしながら、介入をしていくなかで、やはり多職種連携が必要であると強く感じているところです。

●A市のヤング・ケアラー対策状況

厚生労働省がヤング・ケアラーの定義をしましたが、その後間もなくA市において、どのぐらいヤング・ケアラーがいるんだろうかということで、アンケート調査をしています。その結果を閲覧しましたときに、誰が答えたかによって、回答項目に大きく差が出ておりました。どういう違いが出たかというと、実際に現場で関わっていない教員が返答した場合と、実際に関わっている現場の教員や養護教諭の人たちが答えた場合のデータ間で、当該生徒がいる、いないという点の回答に差が出たということでした。誰がアンケートに答えるのかということによって、本当に問題が変わってしまうということがあります。それは問題解決を阻害することになりかねませんし、子どもの生命や生活、学習する権利を剥奪することに加担することにもなりかねません。

●A市のヤング・ケアラーと家族の思い

アンケートの中で子どもたちは、「下校時に保育所に迎えに行って兄弟に夕食を食べさせている」とか、「実際に毎日登校してるんだけれども、校長室で毎日泣いて過ごしていました」とか、「児童三人でおばあちゃんの介護を強いられて不登校になっています」といったことを答えています。また、もっといろいろな細かい話を子どもたちは書いているのですが、その中で実際にヤング・ケアラーの子どもと家族が、一体どういう思いでいるのかというところも、一緒に情報を取っています。その子どもたちが何を言っているかというと、「夢を抱くことに罪悪感を持ってます」というようなことを言っている子どもが、一人ではなく結構な数でいたということと、「家族の介護や世話を強いられている状況は、当たり前だと思っています」という子どもたちが大変多いのには驚きました。

同時に、介護を強いている親自身の認識においても、「子どもが介護するのは、あるいは子どもが家の手伝いをするのは当たり前」という認識であることがわかりました。今私は六五歳を過ぎている世代ですので、子どもが家の手伝いをするのは当たり前であろう、ということはわかるような気がしますけれども、それでもあまりにも長時間子どもに世話を手伝わせすぎていると思いますし、夜間まで担わせていることは、やはり子どもの成長や日常生活に影響があると思います。

親として、あるいは大人として、この「当たり前」という認識はなかなか改善が難しい状況であるでしょうし、「生きていくためには仕方がないんです」というような親のコメントも、結構多かったのです。経済面の問題もあるだろうと思います。

加えて、私が勤めていた市においては、外国籍の家庭が大変多い地区がありました。その地域においては、親が子どもを叩いて育てるのが当たり前になっていると聞きました。親が小学生の子どもや、もっと小さい子を平気で叩いて、それを躾けと考えているということもあるようです。あるいは、外国籍の家庭では、上の子が下の子の面倒を見るのは当たり前だという認識が大変多かったのです。

そして、「生活をしていかなくてはいけない」という切実な環境に保護者が置かれている状況というのも、現実的にあります。実際ヤング・ケアラーの子どもの家庭というのは、社会的にも経済的にもさまざまな問題を抱えている家族が多かったですから、「生きていくためには仕方がない」ということも、わからないではありません。「親が子どもの生きる権利を剥奪してどうするんだ」という考え方も、けっして否めないことです。

ただ、このような家族を見ておりますと、どこにSOSを出したらいいのかがわからない、というのが現状なのではないかと思います。実際に、今、高齢者を介護されている人たちも、どこに相談していいかわからなかったという方が結構多いのです。

同じように、「だってお母さんもお父さんも働いていて、介護できるのは私だけだから当たり前だ」とか、「もうみんな働いているから子どもが世話をするの当たり前だ」と思っている親や保護者たちが、「本当に子どもに申し訳ない」と思ったときに、これを打開するためには「私はどこに相談に行ったらいいの」という、相談窓口がはっきりわからないということも、問題としてあるのではないだろうかと感じるところです。

特に外国籍の家庭の場合、地域においては外国籍の人たちに対する偏見・差別があったので、外国籍の子どもが本当に小さくなって生きているという状況が、目に見えてよくわかりました。言葉も通じないし、低賃金で生活をしている環境では、外国籍の子どもを守るためには、実際にどういう生活をしているのかというところをもっともっと注意して見ていかなければ、子どもの生命も家族の生命も守れない状況にあると感じました。

子どもたちへのアンケートや、実際に話を聞いたことから、家族の思いと、ヤング・ケアラーの子どもの思いを知ることができました。知り得た情報をどのように活かしていくことができるのかは、現状を知ったわれわれにかかっているといえます。

●厚労省「ヤングケアラー」支援強化

最近のことですので、皆さんも新聞を見てご存知かもしれません。二〇二三年七月九日に、厚生労働省が「来年度、家族を介護する若者への支援の強化に乗り出す」、という新聞報道がありました。大変嬉しく思いましたけれども、本当にどこまでするのかという思いもあります。

最近ヤング・ケアラーがとても話題になっておりますので、テレビ放映も何本かありました。私も録画をしてそれを数本拝見させていただきましたが、映像の中に問題があると感じる場面が意外に多かったのです。

まず、親自身が子どもに介護させているということに対して疑問を持っていない、というような場面が、大変多くありました。例えば、「だって親の私が何もできないんだから、そばにいる子どもにしてもらっていいよね」という発言からも「当たり前」だと認識しているように見て取れる場面がありました。夜中に起こしても平気で、子どもが疲れて寝ている場面で、「何で寝てんの」というような言葉掛けがあったりするのを目の当たりにすると、一体何なんだこの関係は、というような思いもありました。

介護されることを当然のように考えている親の言葉につきましては、やはりそのあたりの認識をどのように改革していくか、変容を求めていくかということが大変難しいと感じながら、映像を見ておりました。

ヤング・ケアラーが話題になるまでは、子どもが遅刻をしたり、あるいは授業中居眠りをしたり、早退したり欠席したりというのは、教員の間では親や子どもが悪いと考えられており、「なんで遅刻するんだ」、「なんで居眠りしてるんだ」というように、教員が批判的に子どもを責めるところがあったように思います。その子どもに対する教員の評価は悪かったのではないかと推測します。

しかし、アンケートを見てご理解いただいたように、子どもが家族のために一体どのようなことを昼夜にケアしているかを考えますと、本当に家で勉強する時間の確保も困難だっただろうと思います。兄弟姉妹や親・祖父母の世話など、介護を必要とする家族がいるために、勉強をするということや自由に自分のための時間を過ごすという、子どもの権利を剥奪されている状態であったということを思いますと、現状を知った今だから言えることですが、安易に「なんで居眠りしてんだ。お前が悪いんだろう」というような教員の評価は、違うような気がしています。

ヤング・ケアラーの場合、家族の間でひっそりとケアが行われているケースが多く、子どもが家族を思い、家族を支える生活行動をしています。そのことを当たり前と認識している子どもに対して、行政は「しっかりと支援を強化していきます」と言っていますが、細心の注意を払わなければ、子どもがヤング・ケアラーとして生活している現実を、実際に明らかにしていくことができるのか、そしてタイムリーな支援につなげていけるのだろうかという点に大きな不安を感じざるを得ません。

行政が、厚労省が、若者への支援の強化ということを謳っていますけれど、一体どういう方法で、どのように現実をキャッチしていくのだろうかと、大変不安でもあります。しかし将来の日本を支えていく若者に対して、とりあえず一歩進んだ考え方に変わったと考えますと、あまり期待もしていないというのも夢がないので、少しは期待をするべきかとも考えているところであります。

●「眺めている」から「声かけ」行動へ

これまでのことを含めて、私たちが為すべきことは何かということですが、まずは「眺めている」という状況を、「声かけ」をしていくことにすることだと、私自身は考えています。

子どもの人権ということでいうと、「学ぶこと」、「子どもが遊ぶこと」、「家が安心して生活できる場所であること」、「食事をきちんと取れること」という、当たり前と考えられている生活を、子どもの人権・権利として、保障していきたいと思っています。その理由としては、当たり前の生活に困難をきたしているということが、子どもの今後の人生に大きく影響するからです。

通常、人間は発達課題を通して、「自律・自立」した人間に成長していきます。例えば、幼児期は「規則正しい生活習慣を獲得する時期」で、この時期に関わるのは母親や両親であり家族です。私たちは、意識している・していないに関わらず、エリクソンの発達課題でいう、第一期の乳児期からいま私自身が経験している老年期まで、普通の生活をしていれば普通にクリアしていく発達段階を経過しているわけです。

アンケートにあったように、子どもが夜中まで起こされて家族の介護をしている、世話をしている、兄弟姉妹の世話をしているということになりますと、成長期における大切な時期に、親や保護者に関わってもらえません。子どもにとっては、これから人生を歩んでいく上でとても大切な時期です。

乳幼児期の初期とか乳児期は、自律性というものを獲得する重要な時期です。この時期は、規則正しい生活習慣を得るとか、自発性とか自主主導性を獲得する時期になります。そのためにもお母さんだったり、両親だったり、家族だったりが大きく関わらなければいけません。しかし、その時期に親から丁寧な愛情を注がれることもなく、ただただ家族の世話に明け暮れる時間を過ごすことになると、青年期にとても大切なアイデンティティが確立できない、言い換えれば自分自身を大切にする気持ちや、自我同一性の感覚を得られないという危機にぶち当たるのではないだろうか、という心配をしているわけです。

マズローの欲求から見ますと、生理的欲求は普通に私たちにあります。好むと好まざるとに関わらず、「美味しいものを食べたい」とか「気に入った服を着たい」、「ゆっくり眠りたい」、「排泄する」というようなことは、健康であれば当然求める生理的欲求であります。安全欲求というのは、「安全・安心な環境を得たい」とか、「危険を避けたい」、「不安をなくしたい」というようなもので、私たちが意識をしない中でも普通に欲求としてあるものです。この安全欲求とか生理的欲求が満たされていないことが推測されます。

このような欲求が満たされないということは、エリクソンの説でいうところの各年齢で発達していくべき「自律性」や「自発性」、そして生きていくために重要な「アイデンティティ」を確立できないという危機があります。ヤング・ケアラーの子どもが満たされない環境で生活をしているとするならば、最も大事な自己実現の欲求がとてもとても小さくなり、自律が困難になってしまうと考えます。

この自己実現欲求は、生きていく上でとても大切な「自分らしく生きたい」、「私が私らしさを発揮したい」という、自己欲求、自己実現欲求になりますので、欲求の一番上に上がっていますけれども、日々私たちは自己実現欲求の中で生活をしているわけです。

子どもが実際になかなか社会と関わることがない、人と関わることがない、お友だちと遊ぶ機会もなくなるという現実は、自分自身の自己実現欲求にまでたどり着く前に、社会性が保てなくなる可能性が出てくると考えられます。具体的にいうならば「所属と愛の欲求」もないし、「承認欲求」

も生まれない可能性を孕んだ寂しい生活を送りながら、不十分な身体的・精神的成長をしていくことが考えられます。

そして成人し目の前から介護する対象がいなくなったときに、「どうやって私は生きていったらいいんだろうか」というアイデンティティの危機にぶち当たってしまって、なかなか社会性が保てなくなる可能性があるのではないかと思います。

幼児期に、子どもが子どもらしく生きる時間がなくなる、奪われる、そして、しっかりと学習する時間が剥奪されるということは、将来このような発達段階を順調に経過することができないというおそれがあります。その点で、いま私自身がいるような、発達段階の最後の老年期である「統合と絶望」の中において、最終的に「私の人生はどうだったのか」というように自分の人生を総括したり、家族や友人との別れなどの絶望を体験する中で、「社会性が持てない寂しい人生だった」とか、「私は何で生まれてきたんだろうか」というようなことを感じてしまい、最後までその子どものその人らしい人生が送れないのではないだろうかというようなことを、とても心配してしまいます。とても大切な時期で、この成長に関する環境問題をこのままほっといてはいけないと感じているところであります。

子どもの人権というものを保障することが、とても大事だということを今お話ししたんですけれども、それともう一つ、医療者の問題があります。「子どもの付き添いに疑問を持ってください」ということです。

普通であれば子どもが学校に行っている時間であるはずなのに、車椅子を押して外来に来ているとか、誰かの付き添いで外来に来ているというときに、もしも自分の子どもだったら、「なんであんた今こんな時間にいるのよ。学校の時間じゃないの?」っていう言葉をかけていると思います。またこのような時間に子どもが車椅子を押していることを不思議に思うはずなのですけれども、ほとんどの医療者はスルーしてしまいます。

外来というところはとても忙しいところなので、なかなか一人ひとりに関わる時間が持てないということは、本当にそうだと思います。しかし、子どもが学校に行っている時間に車椅子を押して外来に来ていたら、看護師さんあるいは医療者の方たちは、「ね〜ね〜、どうしたの?」ぐらい、声をかけていただきたい。医療現場には医療ソーシャルワーカーがいらっしゃいますので、看護師さんなり、どなたかが気づいたときには医療の窓口につなぐことができます。窓口につなぐということが、家族も子どもも守るという重要な行動になります。多職種連携でどこかにつなぐことができるということが重要なのです。

医療者の方たちも、ヤング・ケアラー、アダルト・ケアラーという子どもがいるんだ、成人がいるんだということを認識していただいて、声かけをしていただければありがたいです。医療者にも責任があるということも考えているところです。

●ヤング・ケアラーを見つけて・発見してどうする…?!

次に、ヤング・ケアラーを見つけたら、あるいは気づいたらどうするか、ということです。よく、見つけたら「解決します」という声を聞くのですが、そこまでは求めません。解決を目指す以前に、「ここで見てるよ」とか、「私はここにいつもいるからね」、「何かあったらここに来ていいんだよ」というようなことで、居場所があることを提案して欲しいです。自宅の開放までは求められませんが、「ここに来ていいんだよ」ということを示していただきたい。そして、私がここにいるんだよ、という「見守りの役割」をしていただきたいと思います。そのことが、子どもたちにとっては誰かとつながっている、あるいは社会とつながっていると感じることになり、関係性を持つきっかけにもなります。

どうして解決まで求めないかというと、事例で示したように、そんなに単純な話ではないからです。今日見つけました、じゃぁ、明日解決しますということにはなりません。多くの時間を要しますので、関わりながら次第に解決に持っていければいい、というふうに思います。解決は最終的でいいので、「ここに来ていいんだよ」とか、「ここは安心な場所なんだよ」というような形で、子どもたちの「見守り」と「居場所提供」の役割をしていただければいいと思っています。

ただ、この役割についても、例えば、私が「見ました」と言って、そこの家庭に訪問に行ったとしても、「なんなの？　このおばちゃん」みたいに、すぐに受け入れてもらえないというのが当然です。ですので、できれば、児童委員・民生委員の方が普通に家庭訪問しているように、そこのお宅に「ついで訪問」していただきたいと思います。「何か変わったことはないですか」、「何かお手伝いできることがあったら言ってくださいね」というような形での「ついで訪問」でいいのです。児童委員・民生委員の方たちもこの役割を担っていただけると、地域における見守りの拡大につながると思います。

あるいは、小学校の先生たちなどは家庭訪問をしますけれども、家庭訪問のための期間に限らず、「ちょっと近くまで来たので、子どもさんの報告に来ました」とか、「○○ちゃんの報告に来ました」、「今日○○ちゃんすごくいいことしたんですよ」とか、あるいは「この頃学校に来ないけどどうしてるかなと思って来ました」というような形で、教員としての役割提供をしていただけるとありがたいなと思います。そうしますと、子どもも誰かとつながっているとか、児童委員・民生委員の方たちとか、あるいは地域の人たちが何気なくお話しをしてくださることで、社会とつながっているという認識を持つことができます。

このような関わりを持つことで、「私は生きていていいんだよね」、「ここにいていいんだよね」という自分自身の存在価値を認めることもできます。そこから、この場所だったら何言ってもいいんだ、僕はここに来てもいいんだ、私はここに来ていろんな話をしていいんだというような、心理的安全性を保つことで、社会性の再獲得というところにつながっていくことになると思います。

こうした子どもたちにとって、自宅は安心して言葉を話せる場所ではありませんので、このような居場所があると本当に子どもたちは救われると思います。この居場所に、同じようにケアをしている子どもたちが一緒に集まって、僕だけじゃない、私だけじゃないんだ、同じような境遇の人もまだまだいるんだねということで、共有できる場所からさまざまな発信ができれば、子どもたち自身から社会に発信ができれば、本当に存在価値を自分自身で認めることができる機会を得ることになります。

自分自身の存在価値が認められると、アイデンティティの確立もどんどん高めていくことができます。自己実現に向けて何ができるかということでも、前向きになることができるので、居場所と役割の提供ということが、やはりとても必要であり、重要なことではないかと考えているところです。

●まとめ

すごく早い時間で終わりそうで不安ですが、まとめに入ります。

今回は子どもが安心して安全に生活できる居場所の提供と、各部署とのスムーズな連携をすることで、「当たり前」が見直せて、「子どもが夢を抱くことに罪悪感を持たなくて済むような社会」にしたいという点を挙げました。ただ、先にも述べましたが、子どもが安心し安全に生活できる居場所の提供は大変難しいです。

今まではコロナの感染状況との関係もあり、Ｚｏｏｍなどオンラインでつながっていたので、子どもたちは結構参加をしてくれることが多かったと聞いていますが、対面では不安があったり、距離感があったりします。例えば、「ここに何時からみんな集まるよ、来てね」って言っても、子どもたちは安心感を持てないためか、なかなか来てくれないようですけれども、Ｚｏｏｍならその場所に行かなくていいし、服装はどんな格好でもよく、子どもたちは自由に気兼ねなく話すことができるため、結構な参加者がいるようです。場所を限定する対面だと、参加してくれる人はなかなか多くはないですね。

参加してもらうには、やはり信頼関係を築くこと、「ここに来ていいんだね」、「何でも話していいんだね」というような安心感が持てるまで、いろんな関わりをすることが必要です。「直接来なくてもいいよ」とか、あるいは「ＬＩＮＥでもいいよ」、「Ｚｏｏｍで話せるんだったらＺｏｏｍで話そうか」、「電話でもいいよ」など、そういうような方法を経過することで信頼関係ができれば、現実の場所が設定された場合にも、そこに子どもたちが来てくれるようになります。

ただし、居場所だけ作っても、そこにいてくれる関係者、例えばボランティア、あるいは教員だったり、話を聞いてくれる地域の人などが、なかなか集まってもらいにくいということもあります。居場所があっても人がいませんとか、そこに関わってくれる専門職の人がいませんとか、そういった結構大変な現状があります。

Ｚｏｏｍに慣れてしまうと、別にそこに誰がいなくてもつながりますから、Ｚｏｏｍの方が楽だという傾向も見られます。しかし、Ｚｏｏｍでは実際に肌のぬくもりもないし、細かい表情も読み取れないというところもあるので、やはり、子どもと私たちが直接顔を見ながら話をする、という時間を作るのがいいのではないかと感じているところです。

この、居場所の提供よりもより難しいのが、各部署とのスムーズな連携ということになります。横道にそれてしまいますが、つい最近も七、八歳の女の子がお母さんに下剤を飲まされて、病気でもないのに無理やり入院させられるということがありました。もう少し前には、六歳の男の子が虐待で殺され、スーツケースに入れられて捨てられたという事件も続けてありましたけれども、この二件に関しては、関係部署の風通しを良くしていれば防げたのではないかと思います。

例えば、下剤を飲まされた女の子の場合でも、四〇数回入退院を繰り返していたことについて、病院側がもう少しその家族や子どもの行動に関心を持っていれば、何らかの手立てが考えられたかもしれません。どうしてこんなに入院しているのか、これはおかしいと、医療者であれば気づかないといけないはずなのに、そのままスルーされていたということが、とても不思議でしょうがありませんでした。

さらに男の子の虐待死についても、お母さんが妊娠中から要注意人物として指導が必要とされていたにも関わらず、継続した報告と連絡がなされなかった結果、尊い子どもの生命が奪われる結末になってしまいました。行政職員はやはり、大切な住民一人ひとりに関心を持っていただきたいし、関係部署の風通しを良くしていただきたいと思います。

多職種連携についてはさまざまな職種の集合ですから、なかなかすんなりといかないのですね。なぜ私たちが会議の場に一緒に参加しなければならないのか、と言う人たちも結構いると思いますので、初期段階ではスムーズに連携することの難しさがあります。しかし大切な子ども、だけではなく高齢者も大切ですが、やはり未来ある子どもたちの生命を、どう守って育んでいくか、というときに、各部署の縄張り争いのようなことで、「これは関係ないよね」とか、「これはうちだけの情報でいいよね」というような囲い込みをしていては、今の世の中で大切な子どもの生命を守ることは、なかなかできないということを痛感するところです。

以前の職場には教育学部がありましたので、小学校とか中学校に教育実習に行っていることで、結構スムーズにつなぐことができたのですが、そうでなければ、普段壁の高い小学校の先生たちが、私たちの話に同調することはなかったような気はしています。そう思いますと、やはり日頃からどういうようなつながりを持っているか、という関係性は大変重要だと思っています。

だからこそ、関係部署の横のつながり、縦のつながりを大切にしながら、どうやったら市民一人ひとりの生命を守ることができるのだろうか、自分たちの役割として何ができるのだろうか、という点を考えていく必要があるのではないかと感じているところです。

やはり子どもにとって、「夢を抱くことに罪悪感を持つ」というような悲しい思いをさせない社会環境に、私たちは注意を払わなければならないのではないかと思っています。

情報が十分ではなく、しかも雑駁な報告になりまして申し訳ありませんでした。最後までお聞きいただきありがとうございました。

（花園大学人権教育研究会第120回例会・二〇二三年七月二十日）

クィア神学の可能性

キリスト教における性規範の問い直し

堀江有里

●はじめに

本日は貴重な研究報告の機会をくださり、感謝します。

昨年度に、花園大学人権教育研究センターと龍谷大学「ジェンダーと宗教研究センター」が連携していくあゆみが始まり、人権教育研究センターの嘱託研究員として、宗教とジェンダーを研究課題としている立場から報告させていただくことになりました。わたしは、花園大学も龍谷大学も、かつて非常勤講師として人権論や社会学、ジェンダー論などの講義を担当していましたが、いまは双方とも講義担当は終了しています。

わたしの場合は、宗教といいましても、網羅的に自分の研究課題としているわけではなく、おもな専門分野は、キリスト教におけるジェンダー／セクシュアリティ分野での批判的な検討を続けている立場です。そのような立場から、本日はキリスト教における性に関わる規範を問う「クィア神学」という方法についてご紹介したいと思います。

まず、自己紹介をしておきます。わたしは一九九四年にプロテスタント教派のひとつである日本基督（キリスト）教団の牧師になりました。同志社大学神学部、大学院神学研究科（修士）を終えた後、教会やキリスト教団体で働いてきたのですが、所属する教派で「同性愛者差別事件」（一九九八年）[*1]が起こり、問題化された後、差別の根幹にあるのは社会における同性愛嫌悪の問題であると認識し、社会学に移動して研究活動を始めました。社会学という学問領域を選んだのは、差別問題についての研究者である八木晃介先生の影響や、一九九〇年代半ばにゲイ・スタディーズの研究が社会学分野で蓄積されつつあったことが大きな理由です。

現在は、日本基督教団京都教区（京都府・滋賀県の教会の地域共同体）で巡回教師という役割にあります。牧師が不在の教会で日曜日の礼拝説教の担当をしたり、性的マイノリティの人権問題に関わる活動をしたりしています。また、公益財団法人世界人権問題研究センターで「性的マイノリテ

＊1　ゲイ男性が牧師になるための検定試験を受験する際、「簡単に認めるべきではない」という発言があり、問題化された「事件」。そのとき、すでにトランスジェンダーやレズビアンの牧師は存在していた。詳細は拙著［堀江、二〇〇六］を参照いただきたい。

ィの人権」部門の専任研究員（任期付、非常勤）としても働いており、関西と首都圏のいくつかの大学で社会学やジェンダー論、セクシュアリティ論などの講義も担当しています。

わたし自身の信仰的背景としては、キリスト教を「善」としてとらえて伝道（＝布教）していくというよりも、世界宗教として「負」の部分を大きく担ってきた歴史をみつめ、キリスト教あるいは教会に留まりつつ、内在的な批判をしていくことを重要視してきました。本日、ご紹介する性をめぐるキリスト教の問い直しも、その一環です。

●1　キリスト教と性をめぐって

（1）アブラハムの宗教への「誤解」

アブラハムの宗教、つまり、ユダヤ教やそこから派生したキリスト教、イスラームは、性の規範を厳しく持ってきたし、同性愛（者）への断罪を牽引してきた宗教であることはよく知られていることです。しかし、護教的に響くかもしれませんが、たとえば、「同性愛＝罪」という認識が教義の前提となっているかというと、決してそうではないことに注意する必要があると思います。あくまでも歴史の途上で、そのような解釈が生まれてきたわけです。しかし、その解釈のみが広がってきたことに問題があると思います。

たとえば、同性同士の性行為を禁止する法律、あるいは生殖に結びつかない性行為を禁止する法律の総称として「ソドミー法」と表現することがあります。「ソドミー法」の語源は、創世記――

ユダヤ教の文書であり、キリスト教も継承している文書——などに記されているソドムの町の滅亡に関する物語です。つい先日も、横浜市議会にて議員がこの物語を引用しつつ、同性愛者に対する差別発言をしたことが報道されました。*2

ソドム滅亡の物語は「同性愛」が原因だと解釈されてきましたが、ユダヤ教やキリスト教が使用する創世記以外の文書にも引用されており、寄留者や旅人へのホスピタリティ（歓待）を欠いたがゆえに神の手によって滅ぼされたのだという言及が登場します。町の人びとが旅人に対して、性的に暴行をはたらこうとした。これは言ってみれば「性暴力未遂事件」だということです。しかしながら、実際には「ソドミー法」という言葉だけが広がっていくわけです。

ユダヤ教、キリスト教、イスラームというアブラハムの宗教の教義には、「同性愛＝罪」という考え方が組み込まれているという前提から出発してしまうことの問題点は二つあると思います。とくに日本は宗教がさして社会に大きな影響を及ぼしていないと考えられているわけですから、一つには一般社会では宗教の話は放っておけば良いとする考え方があります。ここで思考停止を起こしてしまう危険性がある。もう一つには、実際に宗教のなかで闘いつづけている人たちや活動を蔑ろ

＊2　山田桂一郎市議（日本維新の会）による二〇二三年九月一二日の発言。性的マイノリティへの理解を促進する学校教育に関する一般質問で同性愛者の存在などで街が滅ぶとした。（「横浜の維新市議が性的少数者を差別——「同性愛で街滅ぶ」逸話引用」『カナロコ——神奈川新聞』二〇二三年一〇月六日（https://www.kanaloco.jp/news/government/article-1025400.html＝2023.11.10最終閲覧）

にしてしまうという問題があります。これは連帯できるはずの事柄を分断する結果となるのではないでしょうか。

キリスト教は、日本では人口でいうと一％程度です。その半分がカトリックです。そういう意味では日本社会であまり影響がないと言えるかもしれません。ただ、プロテスタント教会は人口以上に影響力を及ぼしているケースもあるのではないかとわたしは思っています。日本の「開国」前後、近代化のプロセスで、米国を中心にさまざまな宣教師グループが入ってきて、教育機関を立てていきます。その人たちに影響されて、日本の人たちが作った学校もありますので、そういう意味で「影響力がない」と断言してしまうのは躊躇するのです。悪影響を及ぼしてきた可能性も高いのではないかと、わたしは懸念しています。

ともかく、聖書の話に戻ります。先の「ソドミー法」の語源となった創世記だけではなく、「同性愛＝罪」と解釈されてきたテクストがいくつかあります。テクストの書かれた当時の背景や言語を検討する聖書学という文献学の知見によると、現代でいうところの同性愛（者）について言及している箇所はないと言えるかと思います。そもそも、現代社会の現象を古代に書かれた文書を根拠に断罪するところに問題があるということです。*3

（2）二つの課題

「クィア神学」とは、後に見るように、ひとことで表現すれば、性の規範を問う神学です。本日は、クィア神学を考えるにあたって、二つの課題をレジュメに提示しておきました。一つめは、〈父－母－子〉のユニットを「標準＝正しい家族」とする立場である「規範的家族」の主張への問いです。米国では、一九八〇年代終盤より「家族の価値（family values）」尊重派が政治的な勢力を拡大してきましたが、その主張を読解し、批判していくことが課題です。

もう一つは、聖書を根拠として「同性愛＝罪」と主張する人びとの背景には、宗教だけではなく社会的な影響が大きく横たわっているので、そもそも社会における結婚あるいは家族とは、国家と結びついてどのような規範を維持、再生産しているのかを読み解いていく必要があると思います。この点については、わたしは〈反婚〉という概念を使ってこれまで議論してきました［堀江、二〇一五など］。今日は時間の都合もあり、後者についてはあまり展開できないと思います。

「同性愛＝罪」と解釈する人びとには、どのような反論をもってしても、やはり、聞き入れない頑なさがあることも事実です。そのため、近年、わたしはこのような人たちを「同性愛は罪であると解釈する欲望を持つ人びと」と表現してきました。科学的・医学的な根拠あるいは聖書学的な根拠をもってしても、聞き入れないというのは、そこに無意識であれ、「排除したい」という欲望が横たわっていることを明示する必要があるのだと思います。

＊3　「同性愛」断罪の根拠とされてきた聖書の箇所は他にもあるが、それらへの反論についてはすでに日本語での聖書学者による詳細な研究が蓄積されている。［小林、二〇二一、二〇二三］や［山口、二〇〇八］など。

「家族の価値」尊重派は、〈父－母－子〉というユニットを「規範的家族」と主張する欲望を持つ人びと、ということになるかと思います。この場合、彼らにとって〈父－母－子〉という順序を重要視しています。つまり、力強い父、その父を支える母、その間に子どもがいるという認識です。

この点について、もう少し詳細に見ていくこととします。

2　「家族の価値」尊重派の主張——合州国の事例から

西ヨーロッパを中心として、キリスト教会が人びとの管理をはじめ大きな権力をもっていた時代から「世俗化」へと進んでいったわけですが、他方で、一九八〇年代には世界的な「宗教復興運動」が隆盛していきます。とくにキリスト教については、ジョージ・ブッシュJr.政権における「宗教右派」の台頭が顕著でした［栗林、二〇〇三、二〇〇五］。かれは父の選挙運動の際に「宗教右派」と呼ばれる人びと、つまり、キリスト教の保守主義と出会っていき、協力体制を生み出していくわけです。

もともと政治には不介入だった原理主義者（Fundamentalists）たちが、共和党支持母体として活躍してきたのが目立った動きではありました。ここから人工妊娠中絶の禁止や、同性カップルの婚姻に対する反対運動を広げていくこととなります。

しかし、極端な「宗教右派」のみならず、プロテスタント教会のうち、長老派や合同教会などメインライン（主流派）教会の神学にも暴力性が内在してきたという指摘もあります。「アメリカ的キリスト教」と表現されます。

一九九〇年代初頭から、いわゆる「東西対立」、「冷戦」が終わりを迎え、「巨大な敵」が見えなくなった。だからこそ、さまざまな日常のなかにある人権問題へのバックラッシュが起こっていくという流れです。そのため、女性差別・同性愛者差別と人種差別・階級差別の連関が起こってきたと指摘されてもいます。攻撃のターゲットの矛先が転換してきたという分析です。

つまり、キリスト教の突出した一部の人たちが極端なかたちで家族主義を再生産しているということではなく、メインライン教会も——キリスト教が全般的に——多かれ少なかれ、女性差別や同性愛者差別を内包した「規範的家族」の思想を維持、再生産してきたのだということです。宗教の「正しい」あり方を求める陥穽には注意をしておきたいと思います。この点はどの宗教にも共通するものではないでしょうか。

「家族の価値」尊重派と自称する人びとが主張するのは、婚姻は異性間に限定するべきだということです。婚姻は生殖を目的にするものである、と。また、同性カップルは子どもへの悪影響を及ぼすと主張します。とくにこのような主張が公的に強調されたのは、婚姻制度に関する議論が広がっていった二〇一五年にひとつのピークを迎えました。

この年、六月に米国連邦最高裁が同性間の婚姻を認めない州に対する違憲判決を出しました。米国では婚姻法は州によって定められていますが、異性間に限定する法律を持つケンタッキー州、ミシガン州、オハイオ州、テネシー州が連邦憲法に照らし合わせて違憲だと判断されたのです。判決は一票差でした。

しかし、判決文には「結婚ほど深淵なる関係（union）はない」であったり、「結婚により、二人は、これまで以上に素晴らしい人間となる」、「結婚する権利は誰にでも認められるべきである」、「家庭を持つことは社会（人類）維持（繁栄）の要である」という文章も出てきます。つまり、婚姻関係に価値を見出していて、その関係にない人と比べて、ある人たちには、より崇高な関係である、と。婚姻は特別な関係なのだと価値づけするのは、やはり、特別な関係なのであるから婚姻を異性間に限定すべきだと主張する「宗教右派」への配慮であるとも読めるかと思います。

3　聖書にみる「家族」

（1）「結婚」「離婚」

①イエスの時代の結婚と離婚

では、「家族の価値」尊重派が主張するような結婚観は、聖書に記されているものなのでしょうか。この点について考えていきたいと思います。

キリスト教で使われている聖書という書物は、「正典」化の歴史を経て、プロテスタント教会では旧約聖書三九巻、新約聖書二七巻が使われています。新約、旧約というのは、イエスという人物が生まれる前を「旧い契約」、イエスの時代以降を「新しい契約」として認識しているためです。そもそも、キリスト教が「旧約聖書」と呼んでいるものにはユダヤ教から継承されてきた文書があります。なので、この呼称がキリスト教中心主義的だという見解から、それぞれ「ヘブル語聖書」、「キリスト教証言集」と表現されることもあります。

これらの文書群は、年代的にもかなり幅があるなかで記されたものの集積です。仏教の経典などでも同じだと思いますが、一貫した書物として読めない。それほどにさまざまな、一見すると矛盾するような内容を含むものでもあります。

新約聖書には、最初に「福音書」とタイトルにつく四つの文書が収録されています。これはイエスの死後、抽象化されていった事柄を、伝えられてきた資料から伝記のようなスタイルで書き起こしていった文書です。福音書という文学形態が伝記と異なるのは、その人の生涯を描き出したものではないということです。福音書はイエスの生涯全体が記されているのではなく、一定の期間、この人の活動した内容や語った言葉を、口承で伝えられてきたものを中心に記されたものです。

四つも同じような文書が収録されているのは、継承していくにあたり、異なった資料を使用したり、書き加えられていった部分もあり、視点が異なるので、少しずつずれている部分もあるからです。このズレを見ていくのもおもしろいものですし、少なくとも、それ自体が「神の言葉をそのまま記した」ものではないことの証左でもあります。

福音書のうち、今日は「マタイによる福音書」、つまりマタイという集団が継承していった福音書を引用しています。結婚と離婚について言及されているテクストです。[*4]

＊4　日本語訳聖書にはいくつかの版があるが、ここでは新共同訳聖書（日本聖書協会、一九八七年）を用いる。

1）イエスはこれらの言葉を語り終えると、ガリラヤを去り、ヨルダン川の向こう側のユダヤ地方に行かれた。2）大勢の群衆が従った。イエスはそこで人々の病気をいやされた。3）ファリサイ派の人々が近寄り、イエスを試そうとして、「何か理由があれば、夫が妻を離縁することは、律法に適っているでしょうか」と言った。4）イエスはお答えになった。「あなたたちは読んだことがないのか。創造主は初めから人を男と女とにお造りになった。」5）そして、こうも言われた。「それゆえ、人は父母を離れてその妻と結ばれ、二人は一体となる。6）だから、二人はもはや別々ではなく、一体である。従って、神が結び合わせてくださったものを、人は離してはならない。」7）すると、彼らはイエスに言った。「では、なぜモーセは、離縁状を渡して離縁するように命じたのですか。」8）イエスは言われた。「あなたたちの心が頑固なので、モーセは妻を離縁することを許したのであって、初めからそうだったわけではない。9）言っておくが、不法な結婚でもないのに妻を離縁して、他の女を妻にする者は、姦通の罪を犯すことになる。」10）弟子たちは、「夫婦の間柄がそんなものなら、妻を迎えない方がましです」と言った。11）イエスは言われた。「だれもがこの言葉を受け入れるのではなく、恵まれた者だけである。12）結婚できないように生まれついた者、人から結婚できないようにされた者もいるが、天の国のために結婚しない者もいる。これを受け入れることのできる人は受け入れなさい。」

（マタイによる福音書　一九章一～一二節）

傍線を引いたところに注目してください。この部分を文脈関係なく読むと、イエスは離婚に反対しているように読めます。このテクストはキリスト教の結婚式でも使われてきたものです。これが一般化してしまうことの危険性です。結婚式で読まれると、どんなことがあっても離婚はしてはならないというふうに読めてしまう。しかし、この一文には背景があるわけです。

ファリサイ派の人たち、つまり、当時の世界のなかで権力を持っている人たちが、「イエスを試そうとして」語っているところに注目する必要があります。イエスはその言葉に直接応答することなく、モーセの言葉を引用していると記されています。これは旧約聖書、つまり、ユダヤ教の律法「申命記」という文書に出てくる記述です（申命記二四章一〜三節）。「恥ずべきことを行った場合、離縁することができる」と記されている。モーセの時代には、妻が夫に法的・経済的・性的に従属していたわけです。また、夫は複数の妻を所有していました。

そして、イエスの時代には「恥ずべきこと」をどのようにとらえるかという議論があったようです。たとえば、妻が「不貞行為」を行なった場合というような明示的なケースだけではなくて、夫が妻を気に入らなくなった場合、世継ぎである子どもを産むことができないとか、髪を結ばずに外出するであるとか、食物を焦げつかせるであるとか、そういうようなことで、気に食わないから離縁だ、ということもありえたようです。

女性は従属物であったということを考えると、夫が一方的に離縁することができる。決定権は夫にしかないわけです。女性の権利などというものは現代とはずいぶんと異なるわけですが、このような文脈を考慮すると、イエスは、その時代の既存の制度に対する問いかけを行なっていると読み解くことも可能です。

ついでになりますが、一二節の「結婚できないように生まれついた者、人から結婚できないようにされた者もいるが、天の国のために結婚しない者もいる。これを受け入れることのできる人は受け入れなさい」、これもこのまま読むだけではわかりにくい文言です。原語（古典ギリシャ語）には「結婚」という言葉は出てきません。「去勢された者」という単語が使われています。岩波書店から出版されている翻訳では「去勢者」と訳されています（佐藤研の訳による）。身体的に生殖機能を持たないという意味です。

生まれつき去勢されている者というのは、現代的な解釈を加えてしまうのはよろしくないことかもしれないですが、たとえば、身体が典型的な「男」ではないケースでインターセックスであると想定することができるでしょう。この記事は他の福音書には登場しないので、マタイの集団のなかに具体的に存在していたと想像することもできるのではないでしょうか。

②教会における「結婚」の定式化

結婚の具体的な規則は、聖書テクストには見出せないと思います。イエスの死後、その言葉やおこないを引き継いでいこうとする人たちがいて、集団が形成され、それがユダヤ教から分離してキリスト教という宗教がつくられていきます。教会ができてから、時が流れ、結婚が定式化されていくこととなったわけです。

礼拝学者である岸本羊一によると、紀元六世紀ごろまでは、教会の公式儀式として結婚式はなかった。聖書にも、イエスが参加したとされる婚宴はありますが、あくまでも家庭の儀式であったようです。六世紀以降、中世、封建制への推移とともに、教会の役割を拡大していって、民生面での役割を担っていくことになった。つまり、民衆の生活の管理に教会が役割を見出していくということです。

九世紀半ばにキリスト教的な結婚式の原型がつくられていった。そのときにモノガミー（一夫一婦制）であり、原則として解消不可能という確認がされていった。そして、生殖を目的とみなす結婚観がかたちづくられていく。他方では、生殖目的以外の性の罪悪視がかたちづくられていくわけです［岸本、一九九〇］。

さらに西方教会では結婚がサクラメント（秘跡）のひとつとして確立されていきました。カトリック教会から離れたプロテスタント教会は、宗教改革後、サクラメントではないものの結婚式を重視していきます。結婚の同意を当事者たちが表明する、誓約する、意思確認をする、それを教会が祝福するなどの教会の行事として重要視されていく。

簡単に流れをみてきましたが、ここで述べたかったことは、実際には結婚の定式化はキリスト教が出来上がってからだいぶ経った後につくられたものに過ぎないということです。ましてや、〈父

―母―子〉という「規範的家族」を主張し、「正しい家族」のあり方を主張するという聖書的根拠など導き出せないのです。

(2)「家族」

もうひとつ、「家族」について考えていきたいと思います。

古代ユダヤの世界では「産めよ、増えよ、地に満ちよ」という思想が大きく横たわっていました。この言葉は生殖至上主義のようにも映ります。結婚という家族形成のなかで血統主義が横たわっていたわけです。これも気をつけておかなければならないのは、古代と現代では大きく背景が異なるという点です。現代のように医療技術が発達している世界であれば、新生児が生まれて育っていく状況も、人びとの寿命も長い。しかし、古代の世界では、子どもがどんどん生まれないと、共同体を維持することができないわけです。

とくに自分たちの民族共同体の繁栄のためには、血統が重要視されていました。家族になるという結婚の契機によって血統が混ざることは忌避されていました。物や人に触れる〈汚れ〉は一時的なものであるけれども、血統が混在することによる〈汚れ〉は子孫まで引き継がれていくと考えられていたようです［栗林、一九九一］。

では、そのような血統の継承について、聖書ではどのように描き出されているのでしょうか。これも一例に過ぎないのですが、イエスの家族観が現れるテクストを読みたいと思います。[*5]〔二三～

三〇節には別の物語が挿入されているので省略します。

20）イエスが家に帰られると、群衆がまた集まって来て、一同は食事をする暇もないほどであった。21）身内の人たちはイエスのことを聞いて取り押さえに来た。「あの男は気が変になっている」と言われていたからである。22）エルサレムから下って来た律法学者たちも、「あの男はベルゼブルに取りつかれている」と言い、また、「悪霊の頭の力で悪霊を追い出している」と言っていた。

31）イエスの母と兄弟たちが来て外に立ち、人をやってイエスを呼ばせた。32）大勢の人が、イエスの周りに座っていた。「御覧なさい。母上と兄弟姉妹がたが外であなたを捜しておられます」と知らされると、33）イエスは、「わたしの母、わたしの兄弟とはだれか」と答え、34）周りに座っている人々を見回して言われた。「見なさい。ここにわたしの母、わたしの兄弟がいる。35）神の御心を行う人こそ、わたしの兄弟、姉妹、また母なのだ。」

（マルコによる福音書三章二〇〜二一節、三一〜三五節）

これはイエスが実際に語ったことに遡れるのではないかと言われているテクストです。イエスの

＊5　この点についての詳細は［堀江、二〇一九］でより詳細に検討している。

元へと血縁家族がやってきます。母と兄弟が訪れたと記されています。しかし、この人たちを目の当たりにして、イエスは「わたしの母、わたしの兄弟とはだれか」と述べたというのです。もちろん、この言葉だけをもって、血縁家族を否定したと断言するのは難しい。それでも、この時代に非常に重要視されていた血縁関係への問いかけをしているとは言えるのではないでしょうか。

やはり、このようなテクストを読んでも、「規範的家族」の主張とは相容れないことがわかります。

●4　クィア神学の視点から

（1）クィア神学とは何か

いくつか聖書テクストをみてきました。その文脈を考える必要があるということです。

しかし、歴史のなかでさまざまな解釈が加わっていき、それが固定化していく。また時代によって価値観が異なっていくにもかかわらず、文言のみが、たとえば、性の規範を強化していく状況が「伝統」として維持、再生産されていく。そのような悪循環が生み出されていくわけです。

とくに教会の形成と勢力拡大のなかで次第に父権的な制度がかたちづくられてきたことに対し、一九六〇年代から七〇年代には、ドイツや米国でフェミニスト神学による知見の蓄積が始まりました。女性の視点から聖書を読み直すことや、教会やキリスト教の制度面に対する性差別問題への抵抗が始まっていったわけです。

そのフェミニスト神学からさらに派生していったのがクィア神学です。

クィア（queer）とは「奇妙な」という意味の英単語ですが、男性同性愛者に対する蔑称として使用されてきました。蔑称を用いた攻撃に対し、あえて蔑称を引き受け、性の規範に対する抵抗のツールとして用いられるようになったのは一九八〇年代のエイズ・アクティビズムの時代です。文脈は全然異なりますし、歴史や状況も異なるので、簡単に並べることはできないのですが、日本においては、「水平社宣言」のなかで使われている蔑称をとらえ返す視点が、用法としては類似していると思います。

クィアという単語は、エイズ・アクティビズムのみならず、学問領域でも一九九〇年代に使われるようになりました。同じく、蔑称をとらえ返し、性の規範に抵抗していくためのツールとして、です。テレサ・デ・ラウレティスという精神分析やフェミニズム理論の研究者が「クィア理論」という言葉を学術大会のテーマとして使用したのが初めてだと言われています［de Lauretis, 1991］。

それまではレズビアン「と」ゲイ（lesbian and gay）と表現されていたけれども、このあいだにある「and」に注目をするわけです。「同性愛者」とひとくくりに語られることが多いけれども、ここにはジェンダーの違いが横たわっている。

ジェンダー格差の問題をとらえるべきだということです。そのためにあらたな概念が必要になったということです。ジェンダー格差を問題化すると同時に、デ・ラウレティスは、人種・民族による差異をも問題化しました。フェミニズムにも同じ経緯がありますが、白人の中産階級の学問になってしまっていないかという問いです。このような「クィア理論」という言葉の導入によって、批評理論や文学批評などの領域では議論が蓄積されてきたわけです。

クィア神学とは、クィア理論を用いた神学的応答と表現することもできます。ただ、同時に気になるのは、クィア理論が発展してきたのが米国、つまり、キリスト教の（悪）影響が色濃くある文脈でもあるということです。キリスト教文化圏での性に関わる抑圧や排除が起こり、それらに対する抵抗が行なわれてきた。この点を踏まえると、クィア神学とは、クィア理論への神学的な応答というよりは、「再応答」として認識できるのではないかと思います。

（2）クィア神学の方向性

「クィア神学（queer theology）」という言葉を最初に使ったのは、ロバート・E・ゴスという神学者です［Goss,1993］。ただ、ゴスは、教会制度がたもってきた異性愛主義を問題化するという意味においてこの言葉を用いていますが、具体的な議論を展開しているわけではありません。日本でもいくつかの議論が紹介されています（［朝香、二〇一二］［工藤、二〇二二］、［小林、二〇二三］など）。

ゴスに注目してみると、彼はもとはカトリックに所属していました。イエズス会の神父です。一九八〇年代にエイズ・アクティビズムに参加し、自らゲイ男性であると表明していきました。そのため、カトリック教会を離れ、プロテスタント教会に移動した人物でもあります。

近年は神学だけではなく、社会学でも同じような現象が起こっていますが、「クィア」という言葉でもって規範を問うという視角自体が失われたような研究もあります。クィア神学も多様な広がりをもっているということです。ところが、何らかの足場を想定すること自体が規範を問うことと矛盾するのではないかということで、歴史性や時間性なども全部なくしていこうっていう動きがあるのも事実です。

このような方向性は「脱・政治性」の方向に向かっているとも言えるのですが、同時に、現在ある社会の権力構造をそのまま温存する危険性をもはらんでいます。また、どのような担い手が運動・学問を行なっていくのかという議論も後退しているところですが、そもそも社会運動や日常の出来事を問題化するところで始まっていったものが、そのような現場――キリスト教でいえば、教会や諸団体ですが――とは離れたところで展開されるのも、まだまだ議論すべき課題ではあると、わたし自身は危惧しています。

では、わたし自身にとっての「クィア神学」とは何か。この点を説明しておかなければならないと思います。ゴスが提示したように、社会運動の現場で、いかに直接的に教会のもつ権力を問うか。そしてその現場での出来事を、どのように言葉化していくのか。わたし自身の出発点はそこにあります。もちろん、彼は白人のゲイ男性なので、視点が異なる点はあります。

日本の「神学」の文脈が、米国とは決定的に異なるのは、ゴスのような教会を問う現場からの視点が、大方「神学」とはみなされないことです。もちろん、わたしが現在、専門領域としている社会学も近年は同様かもしれません。学問と運動は使われる言語というか、文法というか、また手法なども異なるのは承知の上ですので、切り分けて考える必要があるのは前提です。しかし、運動や現場から離れたところにしか学問はないのだ、とする姿勢自体をわたしは問い直すべきだと考えています。

厳密な意味では、わたしは「神学者」ではありません。「神学」という学問領域では、たとえば、学会というアカデミアの集団のなかでは分野がはっきりと決まっていて、そのどこにも属さないからです。修士を歴史神学専攻で修了しましたが、現在、歴史研究をしているわけでもありません。

聖書学という文献学、歴史神学、組織神学や教義学という理論研究、説教や礼拝などを課題として扱う実践神学など、キリスト教神学にはいくつかの柱があります。しかし、そこに収まらないものも存在する。そのような収まらない部分からの問いかけを実践していくのが「クィア神学」であるという位置づけもできるのではないかと考え、ここ数年は、自分の専門領域の一つとして「クィア神学」を名乗り始めました。そもそもフェミニスト神学も、アカデミック・トレーニングを積まない人たちが教会などの現場で〝ことば〟を紡いでいく作業から出発しているので、それに倣ったということもできます。

5 「周縁」という位置取り

（1）「解放の神学」というアプローチ

すでに多様に広がるクィア神学をまとめて語ることはできないのですが、これまで述べてきたことを踏まえると、権力構造のなかでその中枢に届く言葉をみつけるというよりは、あくまでも、その周縁に位置取りをするのが「クィア神学」ではないか。どのように権力構造を問うことができるのか、ということが課題になってきます。

ただ、すでにそのような方向性をもった「神学」は、これまでにも存在してきました。人びとが置かれた文脈のなかで、文化や歴史性を踏まえた上でなされる「神学」です（『グティエレス、二〇〇〇』など）。たとえば、ラテン・アメリカで蓄積されていった「解放の神学」という営為があります。カトリック教会が教会のなかだけにとどまるのではなく、民衆のなかに入っていく。そして「キリスト教基礎共同体」をつくり、そこで聖書を読む。たとえば、農民や漁民、また貧困層の集住地区に教会から出かけていく。そこで抽象的な「神学」ではなくて、生きた聖書の言葉が分かち合われていくわけです。

人びとが集まることによって、貧困のなかでの構造の問題を知ること、識字教育などがなされること、生活の知恵などの生き延びていく知見を分かち合っていくことができる。つまりは、「キリスト教基礎共同体」というのは、コミュニティ・オーガナイズすることによってその場ができあがっていくわけです。

同時に貧困の生まれてくる構造を知るというのは、権力者にとっては危険なことでもありました。だからこそ、「解放の神学」の初期には命を落としていった人たちもいる。ようやく流れが変化してきたのが、第二バチカン会議（一九六二〜六五年）以降です。

ラテン・アメリカの「解放の神学」は、さまざまな場に波及していきます。貧困層や労働者たちの生活の場でどのように聖書を読むのか。権力構造を読み解き、どのように権力者に抵抗していくことができるのか。フィリピンでは「闘争の神学」、韓国では「民衆《みんじゅん》の神学」など、人びとが生きる社会という文脈を踏まえた神学が蓄積されていきます。しかし、もちろん、それらにも限界があるわけで、とくにラテン・アメリカの「解放の神学」における性差別や異性愛主義を問題化していった、クィア神学の研究者であるマルセラ・アルトハウス＝リードという人物もいます。*6

(2)「福音」は誰に何をもたらすのか

人びとの文脈に即した「神学」が生み出してきた問いは、従来の神学が強調する「普遍性」とはいったい何か、ということでもありました。また、キリスト教が伝えようとする「福音」、つまり、〝良き知らせ〟とは何かということです。

「普遍性」というものは明確な解を求めるものだと思うのです。つまり、こたえ（正解）がある。しかし、周縁に位置取りをすることは、あくまでも問いつづけることである、と、わたしは考えています。権力構造は固定しつつも、しかし、問う側からは、たえず、揺り動かしていく可能性を見出していこうとする。とすると、情況は動きつづけることを想定するわけですから、こたえ（正解）も、一定ではないかもしれない。

しかし、こう表現すると、また抽象的になってしまうので、ひとつの例を挙げておきます。キリスト教の核となるものを取り出そうとすると、それぞれの立ち位置によって見方は異なると思います。ただ、イエスという人物がいて、その人が残した言動を読み解いていくことが、キリスト教には共通していると思います。

では、イエスとは誰か。その特徴のひとつに「隣人愛」というテーマがあります。新約学者の辻学さんが『隣人愛のはじまり』という著書のなかでつぎのように述べています。

イエスにとって「愛敵」は、隣人愛が無言の内に前提している排他性（どこまでが、愛するべき隣人の範疇なのかを問題にしてしまう意識）を暴く、批判的視点の表現であった（…）キリスト教徒が従うべき教えとして受け止められるようになった時、イエスの意図を超えた意味を獲得（した）［辻二〇一〇：九六］。

「隣人」というのは、古代ユダヤ世界では、自分たちと同じ民族（＝宗教）共同体の内側にしか存在しないものでした。つまりは、外側の世界との明確な分断線があったのです。しかし、「愛敵」、つまり「敵を愛する」というのは、その分断線を超えて、いのちを大切に思う姿勢をもち、実践することでもある。排他性をもった「隣人愛」への批判をイエスは行なったのだと、辻さんは述べています。

しかし、イエスは、あたらしい宗教をつくった、あるいはつくろうとしたわけではなく、あくま

＊6　アルトハウス＝リードの神学については工藤万里江がその著書のなかで一部を紹介している［工藤、二〇二二］。

でもユダヤ教の内側にいて、当時の価値観や権力構造を批判したわけです。実は直接的な「教え」をつくったわけではありません。辻さんは、この点について、つぎのように述べています。

キリスト教は、その最初期から、イエス自身に由来しない多くの要素を含んだ宗教運動であった。なぜなら、キリスト教とはその出発点からすでに、イエスの教えを伝える宗教ではなく、イエスの出来事を解釈する宗教だったからである［辻二〇一〇：一七二］。

イエスは権力者に対して抗うことによって、十字架刑で殺されます。古代ユダヤの極刑は石打ちの刑ですが、イエスの場合は、支配するローマ帝国の極刑で殺されます。それほどの出来事であったので、当然、イエスの生前、一緒に活動していた人たちはとらえられ、自らも極刑に処せられることを予感したために逃亡します。残されている記述によると、男たち（弟子と呼ばれる近しい人たち）は誰もいなくなってしまうわけです。つまり、そこでいったん断絶しています。そして、イエスの死後、ふたたび人びとが集まりはじめ、教会をつくり、それが後にユダヤ教から分離してキリスト教となっていくわけです。

その集団からイエスについての解釈が始まっていきます。たとえば、「隣人愛」についても、普遍的な言葉として読まれていくことによって、イエスの時代のダイナミズムが忘却されていく、というようにです。そのダイナミズムをふたたび読み直していくのも必要だと思います。

●6　さいごに

本日は「クィア神学」をテーマにお話ししてきました。かなり広く浅く、そして盛りだくさんの内容になってしまいました。より詳細な議論については、いくつか文献を提示していますので、もしよろしかったらお読みください。

性の規範をキリスト教に内在的に問いつづけることの意味を、わたし自身は運動としても、研究としてもつづけてきました。ともすると「護教」的になってしまう危険性がつねにありますが、今後も批判的な営為をつづけていきたいと思っています。そのような立場から、最後にいくつか今後の課題について述べておきます。

まず、おもに英語圏で進められてきたクィア神学を日本社会という文脈でどのように考えていくかを、もっと議論していく必要があると思っています。

たとえば、昨今、訴訟も起こっている同性同士の婚姻について触れておきます。日本の現行の婚姻制度は、法的な性別が異性間であることを限定しています。これは戸籍法の関連で、です。異性カップルには認めている法的な特権を、同性カップルには認めないというのは、端的に差別です。つまり、平等にすべきだと思います。

しかし、他方で、婚姻制度そのものがさまざまな問題をはらんでいますし、これまでに運動でも研究でも批判されてきました。なので、わたし自身は婚姻制度は廃止し、家族単位での住民管理をやめるべきだと思っています。つまり、法的な形式的平等は必要であるという議論と、同時に制度設計として法制度がもつ問題を批判し廃止を模索する議論、双方が必要であると思っています。

現在、日本政府は家族を基礎単位として住民管理を進め、家族政策をも強化しようとしています。そのようななか、制度への包摂は、家族主義を維持、再生産するために利用されていくことでもある、という視点は批判すべきだと思っています。

同性カップルの法的な婚姻を認めるか否かという議論と、選択制の夫婦別姓制度を認めるか否かの議論は類似していると思います。いずれも現行の婚姻制度を基盤としているからです。形式的平等を求めると同時に、根源的な問いとして、婚姻制度自体の問題性をきちんと批判していく必要があると思います。わたし自身の立場としては、今日は言及できませんでしたが、天皇制を支える戸籍制度を基盤とした婚姻制度自体を解体すべきだと考えています［堀江、二〇二二］。

この点についてはキリスト教のなかでも同様だと思います。先ほど述べたように、キリスト教が世界宗教となっていくプロセスにおいて、あるいは教会という制度を構築するに従って、組織維持を大きな目的としてきたことは事実です。勢力を拡大するために、再生産をも奨励してきた。しかし、イエスが血縁や婚姻に関して発していた問いを読み解いていくのであれば、現行の家族や婚姻を重要視する教会のあり方は、必然的に批判対象となるわけです。

これらの点についても引き続き、研究活動をつづけていきたいと考えています。

ありがとうございました。

【文献】

朝香知己「クィア神学の可能性――その課題と展望」『日本の神学』第五〇巻、五五～七三頁、二〇一一
岸本羊一「婚約式と結婚式」（解説）日本基督教団信仰職制委員会編『新しい式文――試案と解説』日本基督教団出版局、一九九〇
グスタボ・グティエレス『解放の神学』（関望・山田経三訳）岩波書店、二〇〇〇［一九七一］
工藤万里江『クィア神学の挑戦――クィア、フェミニズム、キリスト教』新教出版社、二〇二二
栗林輝夫『荊冠の神学――被差別部落解放とキリスト教』新教出版社、一九九一
栗林輝夫『ブッシュの「神」と「神の国」アメリカ――宗教が動かす政治』日本基督教団出版局、二〇〇三
栗林輝夫『キリスト教帝国アメリカ――ブッシュの神学とネオコン、宗教右派』キリスト新聞社、二〇〇五
小林昭博『同性愛と新約聖書――古代地中海世界の性文化と性の権力構造』風塵社、二〇二一
小林昭博『クィアな新約聖書――クィア理論とホモソーシャリティ理論による新約聖書の読解』風塵社、二〇二三
田川建三『書物としての新約聖書』勁草書房、一九九七
竹村和子『愛について――アイデンティティと欲望の政治学』岩波書店、二〇〇二
辻学『隣人愛のはじまり――聖書学的考察』新教出版社、二〇一〇
堀江有里『「レズビアン」という生き方――キリスト教の異性愛主義を問う』新教出版社、二〇〇六

堀江有里『レズビアン・アイデンティティーズ』洛北出版、二〇一五
堀江有里「キリスト教における『家族主義』——クィア神学からの批判的考察」日本宗教学会『宗教研究』第三九五号、一六三～一八九頁、二〇一九
堀江有里「天皇制とジェンダー／セクシュアリティ——国家のイデオロギー装置とクィアな読解可能性」菊地夏野・堀江有里・飯野由里子編『クィア・スタディーズをひらく2——結婚、家族、労働』晃洋書房、二〇二二
堀江有里「異性愛規範に抵抗する〈女たち〉の連帯——日本基督教団『同性愛者差別事件』と課題の交差」富坂キリスト教センター編『日本におけるキリスト教フェミニスト運動史——１９７０年から２０２２年まで』新教出版社、二〇二三
山口里子『虹は私たちの間に——性と生の正義に向けて』新教出版社、二〇〇八
de Lauretis, Teresa, "Queer Theory: Lesbian and Gay Sexualities; An Introduction", *differences: A Journal of Feminist Cultural Studies*, Vol.3, No.2, pp.iii-xviii, 1991.
Goss, Robert E., *Jesus Acted Up: A Gay and Lesbian Manifesto*, New York: Harper, 1993.
Tonstad, Linn Marie, *Queer Theology: Beyond Apologetics*, Cascade Books, 2018（＝二〇二四、邦訳出版予定）

（花園大学人権教育研究会第121回例会・二〇二三年十月十六日）

抵抗する表現の不自由と氾濫する表現の自由の超克は可能なのか?

梅木真寿郎

●はじめに

ご紹介にあずかりました花園大学社会福祉学部の梅木と申します。このたびのテーマといたしまして「抵抗する表現の不自由と氾濫する表現の自由の超克は可能なのか?」と、大上段に構えたテーマとさせていただいております。どうぞよろしくお願いいたします。

社会福祉学部の社会福祉学科の方で社会福祉原論や社会福祉の歴史について教鞭をとっています。あと、社会福祉士の養成に関わる仕事をしているというところでございます。

人権につきましては、私が社会福祉の歴史をやっている関係上もあり、非常に興味関心の深い分野でありまして、そういうこともあって人権教育研究センターにおいて研究員として携わらせていただいております。

ＩＣＴ技術の革新的進歩とグローバル化の進化を特徴とする現代社会は、その社会的思潮としてダイバーシティ（多様性の尊重）を促すものとなっています。しかし、無数に広がりを見せる価値の中には、社会的規範を大きく逸脱するものも散見されていることが事実であると思われます。「ことば」や様々な造形物など、人間にとって表現するということは、極めて尊い営みです。しかしその一方で、プロパガンダやネット上での誹謗中傷など、破壊的な暴力性を内在することも否定できません。

デモクラシーを実現するために必要不可欠な表現の自由。ここで今一度、表現するとは、どういうことなのか。その意義は何か。そして、表現の自由に潜む陥穽に対して、わたしたちはどのように向き合うべきなのか。現代社会を生き抜くためのリテラシーとしての「表現の自由」の内実を、検討してみたいわけです。このあたりについてぜひみなさん方とお話しして、ディスカッションしたいなと思った次第です。

まず、なぜこのテーマで報告したいと思ったのか、「発題の動機」というところについてお話しさせていただきます。もう一〇年以上前のことになりますけれども、私は花園大学に来る前に岐阜県に住んでいて、愛知県立大学で非常勤講師をしていたことがございます。その際、学生たちに毎年、「あなたの考える自由、そして平等とは何ですか。ぜひ説明してください」と質問しておりました。その際、とある学生から発せられた応答の中に次のようなものがあったわけです。「自由とは自分自身の自由を制限すること、それは他者の自由を尊重するためには不可避であるから」というものだったんですね。

この発言というのは、まさに「世界人権宣言」第29条の規定というものを言い当てたものなんですけれども、正直、学生からその意見を聞けると思っていなかった私は、ちょっとびっくりしたわけです。「自由とは、何でもありの自己中心主義とは一線を画すものである」というのが私のスタンスであります。そのあたりについては、この後、もう少し確認していきたいなと思うところです。

しかし最近では、同じような質問を学生さんにしても、なかなか「他者性を前提にした意見」というのをあまり聞くことができなくなってきたような肌感覚があります。ないものねだりなのかもしれないですけれども、そんな感覚がございます。

もとより、「自由とは何か」という難題を扱うだけの能力を私自身が持ち合わせていないので、この問題をどの程度、この時間で深めることができるのかわからないですけれども、発題の動機として、今、述べましたようなことがあって、一度は考えてみたいなという衝動がございました。その衝動を抑えることができなかったので今回、このテーマとしたわけでございます。

私は、社会福祉を専門にしていますけれども、社会福祉においては昨今、「地域共生社会政策」というものが展開されており、そこでは「社会的包摂」という言葉がキーワードとなっております。この政策が本当の意味で実現可能なのか、幻想に過ぎないのではないかなと、悶々とした気持ちでいつも考えているわけです。

それはなぜかといいますと、「社会福祉原論」の科目に相当する教科書とかには、「差別」の問題って、ほとんど記載されていないんですね。それをふまえて「共生」という言葉を考えた時、あたかも「みんなが同じ方向を向いているかのような幻想を抱いてないかな」と、すごく危惧を覚えるところで、「決して、そうではない」と私は思っております。だけれども、その方々も含めて共生していくありようを、いかに紡ぎ出していくのか、そこにこそ課題があるのかなとも思っております。ですから今日はそのあたりについて、ぜひ建設的な議論をできればと思ったりしております。

問題の所在、論点はたくさんあるんですけれども、「表現の自由」という文脈での論点は、大きく分けると二つぐらいになるかと思います。

まず「表現の自由」についてですが、①権力や組織による個人に対する言論・表現の統制という論点があります。つまり、コントロールしようとする側面、これが論点の一つにあるのかなと思います。もちろん、この中には「個人の自己実現の剥奪」ということも、ある意味、対象に含まれてくるかと思っております。

②権力や組織による報道（メディア）に対する言論・表現の統制という論点。ただここを説明しようとすると、かなり話が膨らむので今回は言及しないことといたしました。たとえば「特定秘密保護法」とか、このあたりを巡っての議論という形になるかなと思います。ただ全く述べないのもなんですので、少しだけふれておきます。「特定秘密保護法」につきましては八木晃介先生が書か

れております。二〇一八年の『広がる隣人との距離――花園大学人権論集25』（批評社）に収録されているものですけれども、その中で先生は次のように「特定秘密保護法」についての問題点を指摘されております。

「漏らす人のみならず、それを知ろうとした人までが処罰の対象となる。問題は何が特定秘密になっているかもわからないことです」と指摘されています。ちなみにこの「特定秘密保護法」に違反した場合、最高懲役はこの手の刑罰の中では極めて重い、一〇年という刑期になっております。これによってメディアが萎縮するんじゃないかと危惧されたということでございます。詳しくは八木先生が論じられておりますので、そちらをご参照ください。

次に、言論・表現の自由を楯にした「差別扇動」という論点。これは「ヘイト・スピーチ」などが、まさにそれに該当してくるものになるかと思っております。

●法文に明記された自由

「法文に明記された自由」ということで、タテマエ論と言われたらタテマエなのかもしれないですけれども、人類が、ある意味、創り出した英知の一つではないかなと思いますので、「日本国憲法」と「世界人権宣言」を、まず見ていきたいと思います。

一二月一〇日が「人権デー」ということでもありますし、今月はまさにその一二月ということもありますので、「世界人権宣言」については、ぜひ繙《ひもと》きたいと思った次第であります。さて、まず「日本国憲法」ですけれども、一応確認していきたいと思います。

第十二条。ここでは「表現の自由」に限定するのではなくて、主に「自由」という項目でピックアップいたします。第十二条は「この憲法が国民に保障する自由及び権利は、国民の不断の努力によって、これを保持しなければならない。又、国民は、これを濫用してはならないのであって、常に公共の福祉のためにこれを利用する責任を負ふ」とあります。後ほど「ヘイト・スピーチ」について考える上で結構、重要なポイントが書かれているのではないかなと思います。

第十三条「すべて国民は、個人として尊重される。生命、自由および幸福追求に対する国民の権利については、公共の福祉に反しない限り、立法その他の国政の上で、最大の尊重を必要とする」。ここでも生命、自由、幸福追求と呼ばれる文脈につきましては「公共の福祉に反しない限り」とありますが、ただこの「公共の福祉」というものが、どう解釈されるかというのは結構、ブラックボックスになりやすいので注意が必要であると思っております。

第十九条「思想及び良心の自由は、これを侵してはならない」。これを文面上、ただ単に読むだけというよりは、もちろん歴史的な背景があった上で、「思想及び良心の自由」というものが、いかに重要なのかというのを噛みしめながら、この条文を読まないといけないんだろうなと思います。後ほどちょっと歴史についてもお話しいたします。

第二十条「信教の自由は、何人に対してもこれを保障する。いかなる宗教団体も、国から特権を受け、又は政治上の権力を行使してはならない」。これも戦時下における国家神道の問題とか、そういうものがありましたので、宗教が強制されないっていうのは重要な側面であると思います。
②「何人も、宗教上の行為、祝典、儀式又は行事に関することを強制されない」。まさにそれが自由ですよね。③「国及びその機関は、宗教教育その他いかなる宗教活動もしてはならない」とあります。
第二十一条「集会、結社及び言論、出版その他一切の表現の自由は、これを保障する」。ここだけを見ると何でもありなのかな、って考える人も出てくるかも知れないですね。ただ、もちろんこれらの権利というのは「公共の福祉に反するべきではない」というのが前提にあるかなと思います。ただ、ここだけを抜き出してしまうと「そう書いてないやん」みたいな意見も可能になるかもしれないですね。
②「検閲は、これをしてはならない。通信の秘密は、これを侵してはならない」。なぜそう言っているのかというと、もちろん検閲をしていた時代があるからということです。検閲によって様々な弊害があったということでございます。
第二十二条「何人も、公共の福祉に反しない限り、居住、移転及び職業選択の自由を有する」。②「何人も、外国に移住し、又は国籍を離脱する自由を侵されない」。

第二十三条「学問の自由は、これを保障する」。学問も戦時下におきましては右派から攻撃をされて、まっとうな生存権のようなことを言おうものなら大学から訴追されるような状況があったということでございます。

第九十七条「この憲法が日本国民に保障する基本的人権は、人類の多年にわたる自由獲得の努力の成果であって、これらの権利は、過去幾多の試練に堪へ、現在及び将来の国民に対し、侵すことのできない永久の権利として信託されたものである」とあります。このように「日本国憲法」については「表現の自由」だけではなく、多くの「自由」という言葉が明記されているわけでございます。

次が「世界人権宣言」であります。以下、各条の見出しは、実際の「世界人権宣言」に書かれているものではなくて、谷川俊太郎さんがつけてくださった見出しです。詳しくはアムネスティインターナショナルのホームページにありますので、興味がある方は見ていただきたいと思います。邦訳についても、ここに書かれているような硬い訳ではなくて、もうちょっと噛み砕いた訳も掲載されております。ここでは表題の部分だけ、谷川さんのものを列記していきます。

第1条「みんな仲間だ」、というところですけれども「すべての人間は、生まれながらにして自由であり、かつ、尊厳と権利とについて平等である。人間は、理性と良心とを授けられており、互いに同胞の精神をもって行動しなければならない」。一丁目一番地で、こういうことが書かれているんですけれども、「ヘイト・クライム」とか「ヘイト・スピーチ」ということを考えた時に、もうここに抵触しているというのが、すぐわかるかと思います。「すべての人間は生まれながらにして自由」というところも、特定の人だけが自由っていうわけじゃない。「すべての人が自由である」ということが求められるということでございます。

第18条「考えるのは自由」では「すべて人は、思想、良心及び宗教の自由に対する権利を有する。

この権利は、宗教又は信念を変更する自由並びに単独で又は他の者と共同して、公的に又は私的に、布教、行事、礼拝及び儀式によって宗教又は信念を表明する自由を含む」。これも現在進行形で、よくメディアで取り沙汰されている事案で言いますと、旧統一教会の二世信者の方々への支援をどうしていくのかといった点についても、様々な議論がされているところかなと思います。

第19条「言いたい、知りたい、伝えたい」っていうところですけども、「すべて人は、意見及び表現の自由に対する権利を有する。この権利は、干渉を受けることなく自己の意見をもつ自由並びにあらゆる手段により、また、国境を越えると否とにかかわりなく、情報及び思想を求め、受け、及び伝える自由を含む」。まさに「表現の自由」「言論の自由」という文脈なのかなと思います。これも読み取り方次第では、どうとでもなる文脈なのかなと思いますけれども、ただすごく大切なポイントが書かれているということになります。

「この宣言が目指す社会」。第28条ですね。「すべて人は、この宣言に掲げる権利及び自由が完全に実現される社会的及び国際的秩序に対する権利を有する」とあります。

第29条。ここにつきましては非常に腑に落ちる表題かなと思ったんですけれども、「権利と身勝手は違う」ということでございます。１「すべて人は、その人格の自由かつ完全な発展がその中にあってのみ可能である社会に対して義務を負う」。

２「すべて人は、自己の権利及び自由を行使するに当たっては、他人の権利及び自由の正当な承認及び尊重を保障すること並びに民主的社会における道徳、公の秩序及び一般の福祉の正当な要求を満たすことをもっぱら目的として法律によって定められた制限にのみ服する」。

第30条。これも非常にいいポイントかなと思うんですけれども、「権利を奪う「権利」はない」ということでございます。「この宣言のいかなる規定も、いずれかの国、集団又は個人に対して、この宣言に掲げる権利及び自由の破壊を目的とする活動に従事し、又はそのような目的を有する行為を行う権利を認めるものと解釈してはならない」と書かれております。

●「自由」という概念

このように法文に「自由」について明記がされているわけでございます。「自由」については、私もすごく興味があるので、ここでは一冊の本をご紹介しておきたいと思います。お亡くなりになられましたけれども、立命館大学で教育・研究を展開されておりました立岩真也先生のご著書である『自由の平等――簡単で別な姿の世界』（岩波書店）という本でございます。こちらの中で立岩先生が提起したものとして、「自由による自由の剥奪」というフレーズがございます。実際のところ、現代社会においては自由というものが結局のところ不問に付されているのではないか、その暴力性というのが跋扈している状況が現にあるのではないのかなというふうに思っております。

立岩先生は自由というものを、「積極的自由」といわれるものと「消極的自由」というものの二つから説明されています。もちろん、詳しくは二つだけではなく、もっと多角的に分析されておりますけれども。印象に残る部分としては、「積極的自由」とは「何かをする自由」ですね。何かをする自由、これは大体の人が思い浮かぶところかなと思います。学生とかに聞いても「何かをする自由」、ここが主です。

次の「消極的自由」とは何かというと、「何かを妨げられない自由」ということです。これっていうのは「他者が自分の自由に対して想像力を持っている」ということによって、「自分の自由が達成できる状況」を想定できるかなと思います。「自由」というものは「自分が行動すれば達成できるもの」と、そうではなくて「他者との関係性の中で自由というものが実現する場合」とがあるかと思います。

そう考えた時、冒頭に申し上げました非常勤講師で担当していたときに学生が答えた文脈というものが、なかなかに、いい返答だったということがわかるのではないかと思います。「自らの行動というものを制限すること、それが自由なんだ」っていうのは、まさに「他者が自由というものを実現しようとした時、想像力を働かせる」ということになるのかなと思います。「俺の自由を押し付けたらいいいんや」ではないと思うんですね。

「積極的自由」、つまり何かをする自由とともに「消極的自由」、何かを妨げられない自由というものがあったとして、そのいずれの「自由」も極めて尊いものであると思います。ですから「これがトレードオフの関係であるっていうのは自由というものが実現した社会とは言えない」ということかなと思います。

それらの葛藤状況に対応するもの、いろいろな価値を持つ社会ですので、その異なる価値を持った生が自由を求めているわけですので、その「自由と自由が必ず摩擦を起こすことになる」かなと思います。ですから、それらの「葛藤状況」に対応するものが「法治国家」であり、「法の支配」というものになるのかなと。「法による自由への干渉」というものの余地が開かれるのかなというふうに思います。ただ、もちろん「法によって個人の生き方が狭められる」ことは、基本的には避けていただきたいですよね。だからこそ「公共の福祉」ということを条件として、というところになるのかと思います。

この「法による自由への干渉」ですけれども、しかしそれは「国家のため」ではなく、あくまで全ての人にとって「個々の幸せを最大化するためのもの」、これが「法の支配、法による自由への干渉」という部分で重要なのではないかなというふうに思います。

●氾濫する表現の自由

次が「氾濫する表現の自由」というところでございます。今日のメインテーマになってくるわけですけれども、表現の自由や報道の自由というものを巡っては、それだけとっても、まだまだ様々な論点が存在します。それぞれ一つ一つをお話ししていくっていうのは、私の手に負えるところではないと思っています。

表現の自由や報道の自由について、私自身の印象に残っていることを少しお話しさせていただきます。イギリスのダイアナ妃、非常に綺麗な方だなというイメージを持っていましたけれども、離婚されて、その後、プライバシーのない生活をずっと続けられて、最終的に「パパラッチ」と呼ばれる、執拗なまでにプライバシーを暴こうとするメディアによって追い詰められた、っていう側面があったのではないかと思います。もちろんダイアナさんの死に関する話は、たくさん裏話も含めてあるかと思いますけれども、一つは「過度なプライバシーの暴露」というものを行う、そういう報道のあり方っていうのはどうなのかと、常々思っているところでございます。

このあたりについては日本においても芸能人、著名人に対する報道が非常に過熱しているかと思います。それを書くことによって出版部数が伸びるとか、そういった商業主義に陥っていないかと思います。YouTubeでいうと「再生回数」とか「いいね」が増えるのを望んでいる行為にも近い心理状況にあるんじゃないかなと思います。たとえば二〇二一年に小室眞子さんを巡って一連の報道がございました。それに対して秋篠宮文仁親王殿下が苦言を呈されたわけであります。これは非常に珍しいことだったと思います。

それ以外にも「ろくでなし子」さんが、もちろんペンネームですけれども、「わいせつと芸術に関しての問題提起」ということを日本でも行っております。海外でも、わいせつに関する問題提起というのは多分にあるんですけれども、日本においても行われております。ここにつきましても確認しておきますと、「わいせつと芸術に関しての問題提起」という文脈で考える点で、「自主的判断主体の自己尊重もしくは自己充足といった観点」、その中で「表現の自由における、わいせつとしての規制」というものがあるわけですけれども、それって結構、判断基準が揺らぐんですね。女性の裸体とかにつきましても、写真集とか、もしくは絵画とかでは結構ＯＫだったりする場合もあるし、描き方によっては、それは非常によろしくない、わいせつだというようなことになるわけです。このあたりはまた後ほどちょっと整理してお話しします。

その際、やっぱり問われるべきは「他者性」というものかなと思います。「見たい」人と「見たくない」人がいますよね。「見たい」人にとっては、それでいいと思うんですけれども、「見たくない」人が見せつけられるっていうのは、これはわいせつになるのかなと思います。ただ「見たい」人にとって、それはアートになる余地も十分にあるわけです（もちろん、わいせつ目的で見たいと思う人の存在も否定することはできません）。そのあたりの判断基準を第三者が評価するにあたって揺れるというところかなと思います。

あと当然のことながら、わいせつの文脈でいうと、「発達年齢」を加味していく必要があります。ですから「Ｒ指定」というものが映画とかでも普通にあるというのは、そういうことであろうと思っております。逆に言うと、「他者性」や「発達年齢」等での配慮というものについてしっかりとわきまえているならば、一定の許容範囲というものも見いだせるのかなというのが、私の見解です。みなさんがどう考えるかというのは、またご意見をお聞かせいただけるとありがたいと思います。

それ以外にも「氾濫する表現の自由」といたしましては、「フェイクニュース」とか「フェイク動画」をあげることができます。昨今は「フェイク動画」のつくり込みの完成度が高すぎる状況です。例えば、岸田総理大臣が発言しているのを、まるでニュースで見ているかのように錯覚してしまいかねないぐらい精巧なフェイク動画がつくられています。「これって表現の自由なんかな？」みたいな。逆に「それを信用してしまったら、えらいことになるな」みたいなことは思うんですけれども。

ただ、アメリカにおいても大統領の選挙前って、なんか「フェイクとちゃうか？」というぐらい、お互いが、やり合っている動画っていいましょうか、映像があったりしますので、そのあたりをどう許容していくのかっていうのは私の中ではまだ整理がしきれておりません。個人的には一部の人が誤った認識を持つ可能性がありますので、そういう内容につきましては「芸術」とは言えないいんじゃないか、もしくは「コメディー的な笑いでは済まされないんじゃないかな」と思いますので、「一定の規制というものも必要ではないか」と思ったりはします。

ただ、「規制」というものをかけるのは、またまた難しい側面があります。昔でいうところの「風刺画」的な感覚でこの動画をつくっているのであれば、「風刺画を規制することが有効なのか」っていうと、国民にとって利益にならない場合が想定できますよね。ですから動画についても、ただ単に面白おかしく再生回数を稼ぐためにつくったものと、現代的な風刺画的につくったものでは、内容的に質が異なってくるかと思っております。それをどう整理したらいいかは難しいところかなと思ったりします。

本報告においては、それらすべてについて分析していく作業は暇もありませんし、私の能力もないということでございますので、以下、主に「ヘイト・スピーチ」を素材に話を進めていきたいと思います。

まず「ヘイト・スピーチ」という現象です。「ヘイト・スピーチ」の邦訳については、「憎悪表現」というふうに訳出されている例が多いのですけれども、これも「ヘイト・スピーチ」関係の書籍を読んでいくと、多くの論者からその本質を捉えることができていないと、あまり評判がよくない訳語なんですね。

たとえば『ヘイト・スピーチとは何か』(岩波新書)という師岡康子さんの本にも、そのようなことが書かれておりますし、八木先生も同様の見解をもたれております。そこで、ここでは八木先生にならって、私も「ヘイト・スピーチ」を「差別、排外、扇動表現」という形で考えた方が妥当なのではないのかなと考えます。そして、同じように「ヘイト・クライム」についても「差別、排外、扇動犯罪」という日本語での捉え方をした方が、しっくりくるのではないかと思います。私も「憎悪表現」という書き方はせずに「煽動」とか「排外主義」とか、そういう文脈で「ヘイト・クライム」や「ヘイト・スピーチ」について捉えるようにしております。

また、言葉の定義についても、八木先生の論稿を参照いたしました。興味がある方は是非『人権教育研究』第27号に、八木先生が「ヘイト・スピーチの社会心理学」という論文を寄せられていますので、ご一読いただければと思います。

その中で次のように定義が行われております。すなわち、「ヘイト・スピーチとは歴史的社会的および構造的に差別、抑圧されてきた人種、皮膚の色、民族、宗教、国籍、社会的出自、性別、性的指向、障害の有無などの属性に基づくマイノリティ集団に対して、その属性を理由に、暴力や差別を扇動したり、当該集団や個人の尊厳を忌偏したりする侮蔑的な表現」のことであると。この八木先生の定義に私も賛同したいと思っております。

「ヘイト・スピーチ」という現象でありますけれども、ご承知の通り、我が国において「ヘイト・スピーチ」というのは他人ごとでないということでございます。「ヘイト・スピーチ」や「ヘイト・クライム」ということがこれまで社会的な問題になった経過がございます。

京都においても二〇〇八年一二月、現在の京都朝鮮初級学校におきまして「在日特権を許さない市民の会」、俗に言う通称「在特会」の街宣活動が大々的に行われたことは知られるところでございます。関西では、それ以外にも宇治市のウトロ、大阪の鶴橋などもコリアンの方々がいらっしゃいますので、同じように街宣活動が見られたわけであります。

師岡康子さんが書かれた『ヘイト・スピーチとは何か』の第1章に挿絵が入っているんですけれども、正直、言葉にしたくないですね。説明にあたって、一箇所だけ読んでおきます。ここには「朝鮮人ども地球から出て行け」とありますね。その他に、諸々の札を持って誹謗中傷しているのが、二〇一三年、東京の新大久保における街宣活動の状況です。私は韓国料理を食べに行ったりしたことはあるんですけれども、その地域について詳しくはわかりません。しかし、大々的にこういった「ヘイト・スピーチ」が展開されたことで知られているわけであります。

「ヘイト・スピーチ解消法（本邦外出身者に対する不当な差別的言動の解消に向けた取組の推進に関する法）」が二〇一六年に成立するわけですけれども、その背景には、このような国内的なヘイト・

スピーチの街宣活動があったということでございます。非常に遺憾です。ただし朝鮮人に対する「ヘイト」の感情というのは、ここ最近のものではありません。本センターでも、ウトロに行った時に戦前からそういう歴史があることを学んできたところであります。ちょうど二〇二三年で一〇〇年目の節目を迎えるということになっておりますので付言しておきますと、一九二三年、関東大震災があったわけですけれども、首都東京におきまして多くの朝鮮人が虐殺されたということが知られております。このあたりについては歴史の一ページとして、日本人の責任として記憶しておく必要があるのではないかと思います。

このようにヘイトに関する問題は、アメリカだけの話ではなくて、我が国においても社会的な問題となったわけでございます。なお、この「ヘイト・スピーチ」や「ヘイト・クライム」という言葉ですけれども、その発祥の地は日本ではなく、アメリカということになります。それも一九八〇年代のアメリカです。もちろんアメリカの黒人差別というのは一九八〇年代に始まった話ではありません。もっともっと昔からある話ではあるんですけれども、黒人や性的マイノリティに対する差別的な言動というものが表面化し、「ヘイトピーチ」という言葉が問題になって議論されるようになったのが一九八〇年代と、ご理解いただければいいのかなと思います。

アメリカの黒人問題、人種差別につきましては「Black Lives Matter」運動が記憶に新しいのではないかと思います。私の中では、二〇二〇年の全米オープンテニスにおいて、大坂なおみさんが毎回犠牲者のお名前が付されたマスクをされてきたのが印象に残っているところでございます。

それでは「ヘイト・スピーチ」というものには、どのような害悪があるのかということでありますけれども、この「ヘイト・スピーチ」の弊害について「憎悪のピラミッド」と呼ばれる言葉がございます。この言葉自体はBrian Levinという方が言及したものでございます。具体的には「人種的な偏見」というものがまずあって、その次に「偏見による行為」が助長され、「差別」そして「暴力行為」につながっていき、最終局面になると「genocide」という形になってしまうとの指摘であります。それをふまえますと、「ヘイト・スピーチ」というものは、最終的には「genocide」に繋がっていく、連鎖していく上での入口にあたることになりますので、決して許してはいけないことになるかと思います。このような五段階として構造化される、とBrian Levinは「憎悪のピラミッド」について言及しているわけでございます。

この「ヘイト・スピーチ」というものは、非常に「言葉の暴力」として破壊力があるものといえます。それは、破滅的な破壊力であると思うわけです。この破壊的な「言葉の暴力」と、私たちはいかに向き合っていくのかということが、真に問われているのではないかなと思います。

実は「ヘイト・スピーチ」の悍《おぞ》ましさというものにつきましては、私自身も実際に経験致しました。YouTubeにアップされていますので（もちろん、私があげたんじゃないですよ。それを街宣活動している人たちが、これ見よがしに載せている状況です）、事実を確認したい方は、YouTubeで「表現の不自由展」「京都」と入力し検索すれば、すぐに該当する動画が出てくるかと思います。

二〇二二年の八月六日、「表現の不自由展」が京都でも開催されました。開催前からハレーション必至の企画ですので、案の定ということだったんですけれども。

特に「平和の少女像」が出展されるということになっていましたので、私も「採めるやろうな」と思っていました。愛知県のトリエンナーレでも大採めになりましたので、想定の範囲内ということだったわけですけれども、京都市内でも右翼とおぼしき街宣カーが、爆音で「出ていけ」とか、もうものすごい怒号が飛んでいました。私も鑑賞している最中、そういった声がかなり聞こえてくるので、正直なところ落ちついて作品を鑑賞できない心境でしたね。それと、何かすごく情けない気持ちになったのと、「これ、当事者だったら、すごい恐怖体験になるな」というのを感覚として覚えました。実際にものものしい警備が敷かれていまして、京都府警の警察官もかなり動員されており、厳戒態勢だったように思います。

昨日、YouTubeに上がっている動画を久しぶりに視聴してみたんですけれども、フラッシュバックしてしまいまして、ちょっと気分が悪くなったということもあり、見るんじゃなかったと後悔した次第です。にもかかわらず、みなさんに「興味関心がある方は見てください」というのも何か不思議だなと思いますけれども、興味関心といいましょうか、どれだけえげつないことが現実問題として行われているのかということを知っていただく必要はあるかなと思います。

当事者でない私でさえ非常にショックを受けている内容ですので、誹謗中傷された本人にとっては、いたたまれないといいましょうか、「ヘイト・スピーチ」は、「魂の殺人」とすら呼ばれているわけですけれども、そのことも首肯できるところであるということでございます。

二〇二二年七月七日に刑法が改正されて「侮辱罪」が厳罰化されているんですけれども、そんなことはもうお構いなしという感じでしたね。「表現の不自由展」が京都で開催された八月六日というと、改正法の施行後なんですけれども、もうお構いなしでしたね。正直、何なんだろうと思いました。

●改めて「言論・表現の自由」について考える

それでは、「改めて「言論・表現の自由」について考える」というところに移りたいと思います。「言論・表現の自由」の尊さというのは、私も歴史研究をしておりますので、いろんなところで出てくる問題ですけれども、戦前の日本においても散々なまでに体験してきた事実があるということでございます。

簡単に繙いておきたいと思います。一九〇〇年に成立した法律に「治安警察法」というものがあります。これは日清戦争後の労働運動というものが標的になっておりまして、思想とか運動とかを規制することを目的として登場した。それが「治安警察法」になります。

その後、一九一〇年、大逆事件が起きています。大逆事件についてはフィールドワークか何かで、確か人権教育研究センターからも視察に行ってますよね。大逆事件を契機に思想統制の強化が図られていって、どういうことになったかというと、一九一一年に「特別高等警察」（特高）が組織されています。通称「特高」というと、当時の社会主義的な思想を持っている人にとっては恐怖の存在です。何をされるかわかんないというか、もう連れていかれたら撲殺される可能性もありますので、そういう恐怖の存在として、「特別高等警察」が一九一一年に設置されたということでございます。周知の通り、一九一七年にはロシア革命が起きておりますので、日本政府はマルクス主義というものの国内的な影響力を非常に懸念しておりました。それに対する対策強化を図っていくということもありまして、一九二五年に「治安維持法」が制定されています。社会主義思想の弾圧を行っていく下準備が完成したということになります。これがどんどんどんどん拡大解釈されていって、最終的には社会主義思想じゃなくて自由主義思想を持っている人まで標的になっていくという時代になっていきます。「思想犯」という枠組みで、ある意味、誰でも捕まえることができる法律として解釈されていく、一人歩きしていくものになったわけであります。

このような過去は、国家が、私たち国民の「話す自由」「書く自由」、そして「書物を読む自由」というものを奪ってきた歴史として位置づけられるものになります。「言論・表現の自由」の歴史というものを、私たちは、しっかりと押さえた上で前に進んでいくことが必要ではないかと思います。

●「なぜ表現の自由なのか」

「なぜ表現の自由なのか」。この問いについて考えるにあたり、いろいろ探していたんですけれども、エマソンの「表現の自由の4つの原理（機能）」というものがありましたので、それを紹介したいと思います。このあたりについては、孫引きになってしまい申し訳ないですが、奥平康弘さんが書かれた『なぜ「表現の自由」か』（東京大学出版会）という本の中から参考にしております。

①「表現の自由は、個人の自己充足をはかるのに本質的な手段であるということ（個人が自分の性格を実現し人間としての力を発揮することこそが、ひとつの終極目標である）」。「自己実現」と言ってもいいかもしれません。社会福祉では、よく「自己実現」とか「自己決定・自己実現」というわけですけれども、個人の自己充足とは、それに重なる内容かと思います。

②「表現の自由は、知識を高め、真理を発見するための本質的なプロセスであるということ（関連する情報がすべて開かれていること、情報の交換が確保されていることが、知識を高め真理を発見するのに不可欠である）」ということでございます。だからこそ、あまりここでは触れることをしなかったわけですけれども、特定秘密保護法については非常に危うい法律なのではないかと思っているわけです。

③「表現の自由は、社会の全成員が決定に参加する前提として本質的であるということ（ひとたび国民主権の原則を設定したならば、国政に参加する者の個人意思の形成および共同意思の形成のために、表現の自由が保障されるのが必至となる）」。

④「表現の自由は、共同体が安定化し住み心地のいいものになるとともに、健全な意見の違いと必要なさいに同意を得ることの均衡を保つ方法である（意見交流を抑圧することにより、理性的判断がむずかしくなり、不安定になり愚鈍化し、新しいものの考え方が出てこなくなる）」。このようなことから「表現の自由」というものが特に問われていかなければならないのだとエマソンは提起しているというわけでございます。

以上をふまえつつ、「言論・表現の自由」を次のように位置づけることも可能ではないかと思っております。これも八木先生の著書から引いております。それは「言論・表現の自由」というものを、「差別・抑圧を社会システムとして設定していた前近代社会を打倒するための基本的価値観として位置づける立場」でありまして、このことにより、「「ヘイト・スピーチ」と「言論・表現の自由」との関係性（差異性）が明確になるように思われる」と。その主張と真っ向から対立することによって、その「関係性」、その「差異性」が明確化されるのではないかなと思います。

つまり「言論・表現の自由」というものは、前近代的な社会を打破するための基本的価値観であって、それは個人を誹謗中傷するためのものでは、そもそもないということですよね。そういうふうに「言論・表現の自由」を位置づけることができるかなと思われます。

次に「権力に対して個人（市民）が理性的かつ主体的な判断を行うために報道の自由が保障されなければならないし、そのことは「知る権利」として位置づけられるものでもあります。そして、個人が権力に対して自らの意思・意見を表明すること、個人が権力に対する自らの意見を他の主権者に対しても賛同・承認を得るためにも言論・表現の自由が確保されなければならない」と言えるかと思います。

「このことは、日本国憲法に位置づけられている主権在民を保障するためには必須のシステムであるとともに、デモクラシーの根幹にかかわることであるといえます。つまり、現代社会において、市民が個人の自律性や主体性を発揮するためには、「言論・表現の自由」は不可欠なものである」

ことを意味していると言えるかと思います。

ここまで、これだけ私自身も「ヘイト・スピーチは、あかんよ」って言いながらも、それでも「言論・表現の自由は必要だ」と強く思っています。なんだか矛盾してるなって思う方もいらっしゃるかもしれませんけれども、以上のように説明してきたとおり、「ヘイト・スピーチ」は、全くもって「言論・表現の自由」には含まれないというふうに思っております。

●ＳＮＳ空間はパブリック・フォーラムなのか

次は「ＳＮＳ空間はパブリック・フォーラムなのか？」についてです。この概念も私自身がまだ消化しきれていないので何とも言えない部分ですけれども、みなさんと一緒に考えることができたらと思います。現在でもＳＮＳ空間におきましては差別的な言説というものが、ほぼ野放し状況にあるのではないかと思います。昔で言うと「落書き事件」とかがあったら、その問題を究明（糾弾）していくということが行われていたわけですけれども、もうネット社会になりますと、そのあたりが野放しですよね。一体、何なんだろうと思いますけれども。

旧被差別部落の方々の地域名の公表であったり、それ以外にもいっぱいあるんですけれどもね、名前といいましょうか、名字とかも被差別部落に由来する名字等を公表したりとか、検索すれば気楽に出てくるような、そんな状況があったりもします。非常に嘆かわしい話です。それ以外にも在日コリアンや生活保護の受給者、あと性的マイノリティの方々とか、挙げれば枚挙にいとまがないぐらい、マイノリティに対する誹謗中傷が後を絶たない状況になっているかと思います。

ちょっと話は変わりますけれども、アメリカでは「パブリック・フォーラム」という考え方が浸透していると言われております。「パブリック・フォーラム」については私も十分理解できていない部分ではあるのですが、土井という方の論文を参照いたしました〔土井翼（二〇二三）「SNSとパブリック・フォーラム論――パブリック・フォーラム論の機能条件」『情報通信政策研究』第7巻第1号、https://www.soumu.go.jp/main_content/000877497.pdf〕。「パブリック・フォーラム論とは、ある私人が、①表現活動のために、②一定のフォーラム性を備えた、③財産を利用することを、④当該財産の管理者に受任させることで「表現の自由」という憲法的価値の、より高次の価値の実現を図るための議論のこと」と定義づけておられます。しかし、定義が難しすぎて、もう少しかみ砕いた方がいいかなと思いました。次の例示の方が、わかりやすいかと思います。

たとえば「道路や公園といった、みんなが往来するような空間での表現活動を法的に正当化する」という方策になります。アーティスト（ミュージシャンなど）が、路上ライブをしたりとか、あと議員さんなどが演説をされたりということがあるかと思いますけれども、そういうのは基本的には届け出をしないと立ち退きを迫られたりする場合もあります。私も東京に出張に行った時に、路上ライブしていたアーティストなのか単なる素人さんなのかよくわからないですけれども、警察官にその場所での演奏の中止と立ち退きを促される場面を見たことがあります。

したがって、どこであろうと表現活動をやっていい、というわけでは、もちろんないということであろうかと思います。この方が、「パブリック・フォーラム」の文脈としてイメージしやすいのではと思います。日本においては、都市部を除き、そのあたりの概念が、必ずしも定着しているとは言いがたいのかなと思います。

そうなってきますと、勢いどうなってくるかというと、「自らが情報発信したい」と思っている方々はSNS空間に入っていくのかなと思います。SNS空間を格好の場として、そこで自らの主義主張というものを展開していくことになるということですね。

SNSっていうのは、ある意味、世界中の人とコミュニケーション、対話をすることができますので非常に便利といいましょうか、現代社会においては、なくてはならないものになっているのかと思います。ただ、それというのは排外主義的なイデオロギーの拡散とか、特定の個人やエスニシティに対して誹謗中傷などを展開する有効な道具としても利用されている、機能している側面もあるかと思います。このことは、非常に頭が痛いところになりますね。

あとこのSNSの空間の力というものを、まざまざと見せつけてくるものがネット上で行われる「炎上」と呼ばれる現象です。これは、あまりに鬱陶しすぎるものですから、そうならないためにも「もう関わらんとこ」みたいな形で、非常に社会全体が萎縮していく傾向にあるのかなと思います。

その代表的なものとして挙げられるのが、「ニコンサロン写真展中止事件」というものになります。書籍として岩波書店から出ているブックレットがありますので、興味のある方はご一読下さい（李春熙「表現はどのように消されていくのか――ニコンサロン写真展中止事件から見えるもの」安世鴻・李春熙・

岡本有佳『《自粛社会》をのりこえる――「慰安婦」写真展中止事件と「表現の自由」』岩波ブックレット（973）、2・16、二〇一七年）。SNSにおける規制というものは、ご承知の通り国内法だけでは十分ではありません。当然のことながら、世界と繋がっておりますので、規制をかけるのも非常に困難性があるということです。だからこそ改めて自由というものを実現するための知恵を出し合ってその仕組みを協議していく、再構築していく、再検討していく必要があるのではなかろうかなと思います。

●規制と表現の自由の超克（おわりに）

最後に「規制と表現の自由の超克」についてです。十分、論理展開できたわけではないですけれども、主張したいところというのは、今まで申し上げた通りの内容になります。

一二月一〇日が「世界人権デー」でありましたので、冒頭に申し上げた通り、「世界人権宣言」について繙きたいと思いました。最後に、もう一箇所、「世界人権宣言」を繙きたいと思います。それが第12条になります。

第12条に次のように書かれております。「何人も、自己の私事、家族、家庭若しくは通信に対して、ほしいままに干渉され、又は名誉および信用に対して攻撃を受けることはない。人はすべて、このような干渉又は攻撃に対して法の保護を受ける権利を有する」と書かれております。

一九四八年に「世界人権宣言」は出されています。そう考えますと、日本における国内法（ヘイトスピーチ解消法）の制定というのは、あまりに遅すぎないか、と正直思いますよね。一九四八年という、もうこの時点で書かれている内容が、日本では二〇一六年になって、ようやくできたといいましょうか、逆に言うと国も含めて、この問題に対して鈍感であったのか、ある意味、黙認していた可能性はなかったかということです。なお、黙認という行為については、私は「加害行為」だというふうに思っているんですけれども、そういう状況にあったのではないのかと指摘しておきたいと思います。

最後に、今回の報告のまとめです。「自由というものは、人間の有する人権の中でも、とても尊いものだ」と考えております。しかし自由という行為は、ただ単に自由というものを主張するだけのことではなくて、必ず責任を伴うということも自覚しておく必要があろうと思います。「一定の法規制は、やむを得ない場合もありますが、しかしその一方で法規制にのみ依存してしまっても、この問題はおそらく解決しないんじゃないか」とも思っております。つまり「他者性を重んじるということであり、多様性に寛容である、そういった心を醸成してこそ、真の意味での地域共生社会の構築というものに向かっていくのではないか」と思っております。しかしながら私たち日本がとってきた選択というものは非常に、それから逆行するものが多かったのかなと思います。

たとえば、ちょっと論理的な飛躍があるかもしれませんが、「負の記憶」、戦争中とか特にそうですが、「負の記憶」を修正したり、消去したりする、そういった側面がないでしょうかということです。「歴史修正主義」と言ってもいいかもしれません。私は「負の記憶」というものを起点にした考え方、価値観からこそ、未来というものを切り拓くことができるのではないのかと思っております。そういった知恵を、ぜひ私たちは育んでいきたい、そう思っております。

たとえばドイツが実践した「想起の文化」などは非常に称賛に値するものであると思います。「日本国憲法」の前文の中に「われらは、平和を維持し、専制と隷従、圧迫と偏狭を地上から永遠に除去しようと努めている国際社会において、名誉ある地位を占めたいと思ふ」とございます。願わくば、このことが理念的なものに止まることなく、実態を伴った社会を、私たち一人ひとりがつくっていく担い手になれればな、と思っております。これらのことを、一歩一歩着実に積み上げていくことが、「自由」な生き方が保障された社会の構築に繋がっていくと言えるのではないでしょうか。

私が伝えたいことは以上になります。ご清聴いただき、ありがとうございました。

（花園大学人権教育研究会第122回例会・二〇二三年十二月十三日）

届きはじめたSOS
——人と人の間にあるものを考える

花園大学人権論集㉛

二〇二四年三月二〇日　初版第一刷発行

編者●花園大学人権教育研究センター
〒・六〇四－八四五六
京都市中京区西の京壺の内町八－一
Tel・〇七五－八一一－五一八一
E-mail・jinken@hanazono.ac.jp

発行●批評社
〒・一一三－〇〇三三
東京都文京区本郷一－二八－三六　鳳明ビル
Tel・〇三－三八一三－六三四四
Fax・〇三－三八一三－八九九〇
振替・〇〇一八〇－二－八四三六三
E-mail・book@hihyosya.co.jp
http://hihyosya.co.jp

印刷
製本●モリモト印刷株式会社

●執筆者紹介

満若 勇咲——映画監督

ウラディーミル・ミグダリスキー——京都情報大学院大学教授

西田　彩——音楽家、大学講師

中　善則——花園大学文学部教授、教育学、社会科教育学

根本 治子——花園大学人権教育研究センター委嘱研究員、医療思想史

堀江 有里——(公財)世界人権問題研究センター専任研究員、社会学、クィア神学

梅木真寿郎——花園大学社会福祉学部教授、社会福祉思想史、子ども家庭福祉

ISBN978-4-8265-0744-8 C3036 ¥1800E　Printed in Japan